わたしの教室記

篠原孝一

一莖書房

はじめに

よく「プロ野球は実力の世界だ」と言われるが、こいつがくせものだね。すばらしい素質を持っている新人でも初打席、初登板から思う存分に力を出す選手なんて、まずおりません。実力というのは、自信の積み重ね。選手を育てるということは、つまり自信をもたせることですよ。〈中略〉学校の教育も根本的には同じではないんですか。人間、一番大切なのは自信なんです。子どもに自信をもたせるのが先生の仕事だと思うね。……。

のっけから引用で恐縮であるが、これは元巨人（現、読売ジャイアンツ）、大洋（現、横浜ベイスターズ）等の監督、三原脩さん——最下位だった大洋を着任一年で優勝させるなど、めざましくチームを強くして「三原魔術」など言われた——の言葉である。

これを新聞で見たとき、我が意を得たりとばかり切りぬいたのだった。それは私も子どもに自信をもたせることをいつも念頭において仕事をしてきたからである。

この書はそんな私が小学校の教諭として行った仕事のうち、記録の残っているもので、自分として何らかの意味があると思われるものを、いくつか整理してまとめたものである。

私は小学校の教員――学級担任として二十八年間、教頭として八年間――自分なりに必死に仕事をしてきた。でも、まめに記録を残す余裕は私にはなかった。また記録にすることが義務ではないし、とくに必要でもない。もちろん一つの仕事にはまず計画や予定が必要だし、仕事の過程でもメモ等がいる。さらに終わると成果と欠陥をまとめ、つぎの仕事の足がかりにする。でもこれは自分が相手で、そのときだけ分かればよいなぐり書きみたいなもので、記録とはちょっと違う。そういう仕事のメモみたいなものはたくさんある。正確には分からないが、段ボール十箱くらいはあるのではないかと思う。でもそれらは当時は十分役に立ったが、今見ると意味不明の箇所が多い。これは読まれることを考えて書いたのではないので当然である。仕事は目の前の子どもたちを相手にして行われる。

メモを整理してみて、一つの共通の性質がある。それはかなり自分のできないことを教えたということ。小学校の教員免許はもっているものの、私は運動も音楽も得意ではない。運動神経は鈍く、泳げない。音楽ではピアノが弾けない。それなのにこれから本書で取り上げることのように、かなり大それたことをした。専門であるはずの社会科でも、新しいことに挑戦しようと思ってきたし、少なくとも課題をもって仕事をしてきた。

教師の実践について重要なのは実践の事実である。この言葉は若いとき以来、耳にタコができるほど聞かされ、そして私自身、同意している。それでできるだけ事実を中心に書いてみた。

当然ながら、文中に出てくる子どもや人の氏名の多くは仮名である。A君だのBさんだのとすると（それで大丈夫なときはそうしたが）妙によそよそしくなるし、新聞などでは犯罪の被疑者などに使われる。それで仮名を使うことにした。

目次

装丁　三谷良子

1 ねらいどおり

――民話『あとかくしの雪』の授業（四年・国語）

あとかくしの雪　　木下順二

あるところに、なんともかとも貧乏な百姓がひとり、住んでおった。

ある冬の日のもう暗くなったころに、ひとりの旅びとが、とぼりとぼり雪の上をあゆんできて、

「どうだろうか、おらをひとばん、とめてくれるわけにはいくまいか」

といううた。

百姓は、じぶんの食べるもんもろくにないぐらいのもんだったが、

「ああ、ええとも。おらとこは貧乏でなんにもないが、まあ、とまってくれ」

というと、旅びとは、

「そうか、それはありがたい。おら、なんにもいらんぞ」

というて、うちにあがった。

けれどもこの百姓は、なにしろなんともかともびんぼうで、なにひとつ旅びとにもてなしてやるもんがない。それで、しかたがない、晩になってから、となりの大きないえの、大根をかこうてあるところから大根を一本ぬすんできて、大根やきをして旅びとに食わしてやった。

旅びとは、なにしろ寒い晩だったから、うまい、うまいとしんからうまそうにしながら、その大根やきを食うた。

その晩さらさらと雪はふってきて、百姓が大根をぬすんできた足あとは、あゆむあとからのように、すうっとみんな消えてしもうたと。

この日は旧の十一月二十三日で、今でもこのへんではこの日には大根やきをして食うし、この日に雪がふればおこわをたくもんもある。

一、この授業まで

この学級は三年からのいわゆる持ち上がりの学級であった。そしてこの教材で授業をするのは実は二度目なのだった。一度目は三年の四月。最初の授業参観のとき。新しい学級を持ってはりきっていた私は、この授業をかっこよく決めて、保護者にも子どもにも良い第一印象をもってもらい、幸先のよいスタートを切るつもりだった。

ところが大勢の保護者（ほとんどはお母さん）の見ている前で失敗の授業となってしまった。子どもたちはまず、「なんともかとも」でひっかかった。何とかして分からせようとかなり時間をとったが、思うようにいかなかった。そのうちに子どもたちはこの百姓は泥棒をしたから悪いと言い出し、私がそれにてこずっているうちにチャイムがなってしまった。後に懇談会があるので仕方なく中途半端のままその授業は終わりにした。

それから一年半以上がたった。思い立ってまた同じ教材でやはり授業参観で試してみた。今までに子どもたちはいろいろ勉強して成長しているはずなので、今度は良い授業ができるのではないか、と思ってはいた。しかし正直あまり自信はなかった。

　結果はどうかというと当時は完全にリベンジできた、と思った。私の立てた目標は十分クリアーした。子どもたちの集中も最高に近かった。教員の全期間を通して何回かしかなかった授業ではあった。今読み返すと目標を達成しているのは間違いないとは思うものの、ちょっと深さが足りない。子どもの良い発言はあると思う。しかし私の固さ、基本的に力不足のせいでそれを生かすことができなかった。感想を見てもやさしいとか親切とかが多い。しかしこの授業は私の行った最も良い授業の一つであることは間違いない。

　以下、当時書いた記録のまま書いてみる。何しろ二十年前のことなのでそうするほかない。今回記録を書くので当時録音したテープを探してみたがどうしても見つからない。さほど印象に残っていない授業のテープはかなり出てきたのに、である。おそらく一度文にしたから必要ない、というので消してしまったのだろう。実は文にしたからこそ取っておかなければいけなかった。（現在の感想は太字で記す）

二、授業の目標

貧しく、弱い者同士の百姓と旅人のあたたかい気持ちのやりとりと、すうっと雪が足あとを消すという話のもつやさしさが分かれば授業は成功だ。

方向は間違っていないと思うが、大雑把でこれで授業ができるのかという気がする。

三、授業

（プリントを子どもたちに配布する。よく読めない箇所、抜けている部分などを説明する）

T　誰か読んでみますか。

（たくさん手が上がる。Oさんを指名する。他人事のような読み方なので、Iさんに交代してもらう。それも私は気に入らない。さらにSさんに読んでもらう。それをコメントする）

ここももっと具体的にきちんと書くべきだった。今思えば大事な部分だ。

T　三年のとき一度やったのだけど覚えていますか。

（「覚えてない」という多数の声に混じって、「やったことがある」などの声もする）

これは意味のない発問。する必要はなかった。

T　それで読んでいいなとか、どうかなとか、あと何でも感想があったら言ってもらいます。ではもう一度先生が読んでみます。

（教師が教材を読む）

T　どういう話だったですか。

C　（応答なし）

あいまいな発問。応答がないのは当然。

T　それでは、何か感想があった人。

（七人ばかり挙手。ランダムに指名していく）

C　大根を一本盗んで来て、大根やきをして食わしてやった。というところでやさしいお百姓だな、と思った。

（「同じ、ぼくも」の声）

T　うん。本当にそうですね。去年はそれがどうしても分からなかった。それが分かれば終わりにしても良いのだが。……ほかに。

C　まあ泊まってくれ、というところで、百姓はやさしくて、……親切だと思った。

（「同じ」の声）

T　そうですね。

C　食べるもんもろくにないのに旅人を泊めてやったから、とても親切。

（「同じ」の声）

T　たしかにそうですね。

C　「なんともかともびんぼう」とあるから百姓はかわいそうだと思う。

T　なるほど……。びんぼうは良くないことだけど、かわいそうとは限らない。お金持ちでかわいそうなのもいるんじゃないかな。

それだけですね。良い感想が出ました。それじゃ、もう少しくわしく読んでみましょう。「なんともかとも貧乏」とあるけど、どんな貧乏なのだろう。

C　食べるものがない。

C　お金がない。

C　家があちこちやぶれていて……ぼろ。

C　着るものも古くて切れてしまっている。

T　テレビで南アメリカの災害地・アルマダのぼろぼろの着物を着た人が写されていましたね。

当時大災害のあった所のことだと思う。これも不要な発言。

食べる物がないといったけれど全然ないの。

C　ろくにない。

T　ということは？

（「ある」という大勢の声）

T　そう、あるんですよね。どのていどあるわけ？

C　ほんの少し。

C　ほんのわずか。

C　食べても、食べたな、という気がしない程。

T　全然ないのではない、ということね。

くくっている。別の生かし方もあったのではないか、と思う。後の方でもこういうところは多い。

（その続きを読む）

「ひとりの旅人が、とぼりとぼり雪の上をあゆんできて」とあるけど、とぼりとぼりってどんな歩き方なのだろう。

C　少しずつゆっくり歩く。

T　ゆっくりにもいろいろあるね。食べ過ぎてうごけないのでゆっくり歩くとか。この場合は。

C　おなかがすいてはやく歩けないから、ゆっくり歩いている。

C　寒くて仕方なくてそれでゆっくり歩く。

C　長くずっと歩いて、遠いところから歩いて来て、それで疲れている。

T　山を越えて来た。だから疲れた。ウンウン。

C　来る途中の道で何かいやなことがあった。それでとぼりとぼりと歩いている。

T　ああ、途中で泥棒にあってもとからない品物やお金を取られたとか、悪者に乱暴されたとか。あり得ますね。

C　さびしそうに歩いていた。

C　とてもしょんぼりしていた。

T　そう、そんな具合に歩いて来たわけですね。

ところでこのとき、雪は降っていたのですか。それとも降っていないのかな。

C　降ってない（何人かの声）

C　後の方に、その晩さらさらと雪は降ってきて、と書いてある。ということはこのときは降ってない。

T　そうですね。全くその通りです。

あと雪の上を、と書いてある。降っていたらこうは書かないのではないかな。

さて、「とめてくれるわけにはいくまいか」と聞かれたとき、百姓は考えたろうか、それともすぐに「ええとも」と言っただろうか。

C　考えた。

T　なるほど。そう思う人。（だんだん十人ほど手があがる）

じゃちがう、考えないという人。（こちらも同じくらい手があがる）

どちらでも理由をいって下さい。

C　考えた、というわけは自分の食べる物もないのに、とめるのはいいけど、もしと

めたら……。(しばらく沈黙)

C　考えなかったと思う。このお百姓さんは大根をぬすんで食べさせてやるような、そんな人だから考えない。

T　気がいいんだから考えない。

C　「ああ、ええとも」って言う人だから考えない。

T　ああ、調子からいって考えたんじゃないって言うわけね。

(しばらく沈黙。しかしこの授業での沈黙は重苦しくなく、私も焦らずに余裕をもって待つことができた)

C　前は考えたと思ったけど変わった。考えなかったと思う。(「ぼくも」「私も」の声)

この対立で「考えない」というのが大勢を制した、と私は考えた。もしくは出てほしい意見が出たので飛びついた。

T　そう、考えなかったんじゃないかね。もし少しでも考えたら旅人はどう思うだろう。

C　いやな感じがすると思う。

C　おかしい。

T　でしょう。考えたと言った人いいですか。

（皆、うなずく。教師「もてなしてやるもんがない」まで読む）

T もてなす。むずかしいから辞典で調べてみましょう。

（その結果、1、お客さんに出す　2、客を大事にする　3、お客をていねいにあつかう　4、お客にごちそうする　5、お客を心をこめてあつかう　が出ていた。ここで、2、3、5が背景でこの場合は1、4だということをはっきりさせるべきだった）

T 分かりますね。

（教師「それで、しかたがない」から「旅人に食わしてやった」まで読む）

お百姓は、大根をぬすんだ、つまり泥棒した。これはいいんですか。悪いんじゃないかな。（去年、つまり前回はここで授業がだめになった。今年はどうか。自信があった反面、不安も大きかった。また沈黙。私、固唾を飲む思い）

C 悪くない。

（今まで、一言も意見を言わないで、しかし、しっかり参加していたSさんが、きっぱりと断定する。勝った、という思い）

T どうして？

C　もてなしてやるもんがない。……それと食わしてやった。……。

C　大根は旅人に出す。もてなしてやりたくってぬすんだ。だから悪くない。

C　ぬすむのはもちろんよくないことだけど、この場合には旅人に食べさせてあげたくってやったのだから認められると思う。

C　何もないからしかたなく大根を一本だけ取った。泥棒のように取るのが目的じゃない。泥棒じゃない。

T　そうだ、よいところに目をつけた。「しかたがない」って書いてあるよね。仕方がないというのは別の言葉では。

C　しょうがなくて。

T　そう、しょうがなくてやったんだね。

（私自身、「しかたない」をマークして印をつけていながら、見落としていた、というかきちんと取り上げなかった。ここでそのことに気づいた）

本当にそうだ。先生も悪くないと思う。人の物を取るのはいけないこと。あなた方はしてはいけない。けれど、この話はそういうのとは別なんだ。

T　では次のところ。（「その晩さらさらと雪はふってきて、百姓が大根をぬすんでき

た足あとは、あゆむあとからのように、すうっとみんな消えてしもうたと」を読む）
（ここではその前の部分、「旅びとは、なにしろ寒い晩だったから、うまいうまいとしんからうまそうにしながら、その大根やきを食うた」を読んでやらないといけない。読んでやったが記録しなかったのかも知れない）
T　「あゆむあとからのように」というのはどんな消え方なのだろう。
C　ていねいに消していった。
C　そっと消した。あしあとを消してしまった。
C　少しずつまた少しずつというように消した。
（これらの発言はイメージをもっていそうである。それをもっと明白にすべきであった。しかし私からすると意外なのが出て少し焦った。それで以下のようにトンチンカンな応答をしている。このへんが経験不足、あるいは授業者としての力不足のところ）
T　すると、消えるのに長い時間がかかった。
C　ちがう。
T　では逆に少しの時間で、すぐにというのでいいですか。

（「いいです」の声多数）

T　そう、歩くとすぐに消してしまった、ということでしょうね。

（授業終了のチャイム鳴る。以下どうしても急ぐ結果となる）

でも、ていねいにとか、少しずつ、とかいいですね。

（私が「この日は、旧の十一月二十三日で、今でもこのへんではこの日には大根やきをして食うし、この日に雪がふればおこわをたくもんもある」を読む）

T　何でこのへんでは今でも大根やきを食ったり、おこわをたいたりするのだろう。

C　つかまらなくてよかったと。雪がふらなければ足あとがのこってしまって、たどっていけばつかまった。

C　その足あとが消えてしまったから。

T　そう、つかまらなかった。親切でやさしいお百姓がつかまらなくってよかったな。そういう気持ちが今でも大根やきをして食べたり、おこわをたいたりさせるわけですね。良い勉強ができました。

（各自読み。一人に指名して一回全文を読ませる）

テープが残っていれば、とここでも思う。

四、授業を終えての子どもたちの感想

多分次の時間に書いてもらったのだと思う。プリントしか残っていなくて全員の分がない、したがって全員のものが紹介できないのは残念である。小さいことだがプリントの二枚に収めようとしたらしく終わりのほうの子の文は省略してある。

◇福山香奈子

私はあとかくしの雪という題の意味が分からなかったけれど、勉強したら良く分かった。そのお百姓さんは、旅人をとめてあげたけど、貧乏で自分の食べる物もないぐらいなのに、とてもやさしい人だと思いました。食べさせる物がなかったから、大根をぬすんでまで食べさせてあげる、という気持ちが何となく分かった。

私の、お百姓さんは聞かれたとき考えたという意見の意味は自分の食べる物もろくにない、というところで考えた。人をとめるのはいいが食べさせてやる物がない。どうしようかと思ったと思う。

◇栗原晴子

お百姓さんはすごい貧乏なのに、そして自分の食べる物もろくにないのに、旅人をとまらせたので親切な人だな、と思いました。旅人にもてなしてやる物がないからってぬすんでまでも大根やきを食べさせてあげた。その晩さらさらと雪がふってきて足あとが消えてしまって良かった。お百姓さんは旅人にあげようと思ってぬすんだので悪いことをしたのではない。もし足あとが残っていたらお百姓はつかまってしまう。お百姓さんがいい人だから足あとは消えたと思う。

◇星田久仁子

旅人がとぼりとぼりと歩んでいる、というところで、私は冬の日の暗くなったころだから寒そうに歩いていた、と思いました。旅人はしょんぼり歩いていただろう、かわいそうに、と思いました。お百姓さんはよほど親切な人だと思った。意地悪だったら食べ物なんか何もやらないかもしれないし、家にもとめないだろう。お百姓さんが親切でよかった。あと足あとが消えてよかった。

◇沢田富士子

私はこのお話は山の深い所のことだと思いました。そして旅人もお百姓さんもとても気の良い人だと思いました。なぜならぜんぜん知らない旅人にぬすんでまでして、もてなすなんてやさしいなあと思ったからです。まして家にとめるなんて。

旅人にとって、この雪のなかでお百姓の家をみつけてほっとしたのではないかなあと思う。この家で食べた大根の味はどんなごちそうよりおいしかったのではないでしょうか。もし私が山の中で旅人の立場になったら、お百姓さんが神様のように思えたでしょう。

◇中里真由美

お百姓さんは大根を盗んで旅人に食べさせたからいい人だなと思いました。旅人は「そうか。それは、ありがたい。おら、なんにもいらんぞ」と言ったけど、本当は、おなかがすいて、ごはんや魚やおみそしるをおなかいっぱい食べたかったんだな、と思いました。その晩さらさらと雪がふってきたから、もしことわられたら、雪がふってきたはずだから、とめてもらっただけでもうれしかっただろうな。大根を盗んだのは、悪いことではないか、と三年のとき話し合ったけど意見が出なかった。でも四年になって意見が出て話も決まった。またこういう授業参観になるといいな、と思った。

◇江藤一城

「ああ、ええとも。おらとこはびんぼうでなんにもないが、まあとまってくれ」とお百姓がいったときやさしいな、と思った。それに木元君が「ぬすんでまで、旅人にもてなすなんていい人だな。」といったときほんとにそうだな、なんでそうに思わなかったのだろうと思った。しんからうまそうに、は心からだとまっさきに思った。しんからうまそうに、だからとてもおいしそうに早くたいらげただろうと思った。やる前にはなぜおこわをたくのかわからなかった。でも後でわかった。

◇東山奈美

お百姓は貧乏なのに旅人をとめてあげてやさしいなと思った。大根をぬすむのはいけないけれど旅人がしんからうまそうにしたからよかったと思っただろう。後から雪がふってきてよかった。足あとが残っていたらつかまってしまうから雪のおかげだなと思った。とるのはいけないけれどしょうがなく大根をぬすんだのが何となくわかったように思った。

◇中村珠代

あとかくしの雪は三年のときやったけど全然わからなかった。またやったけど今度はかんたんだと思った。三年のときはぬすんだから悪いといっていたけれど今度はすぐにわかった。それは鈴本さんがはじめにきちんといったからできたのだった。でも今考えてみるとかんたんに思う。最後の方で「歩むあとからのようにすっと消えてしもうたと」のところ、足あとが消えてよかったなと思います。

◇鈴本さおり

お百姓は貧乏なのに旅人をとめてあげたからいい人だ。そして今まで旅人があるいておなかがすいている、とおもったから大根をとって食べさせたのだと思う。

◇高原佐知子

大根を一本ぬすんできた、というところでぬすむのは悪いけれど、でもどろぼうする気持ちじゃなくて旅人に食べさせてあげるのだから悪くない、と思った。

大根をぬすんだ足あとをもし雪が消さなくてもその家の人がいい人ならお百姓の気持ちを分かってくれると思う。でも大根をぬすんだ足あとがきえてよかった。このお話は全体に百姓の気持ちとかがはっきりわかっていいお話だと思う。

◇田宮一成

百姓が「ああ、ええとも……」といったところでやさしいなと思った。それでどろぼうまでして旅人に何か食わしてやりたいな、と思ったんだな。ぼくは旅人がやさしい百姓のうちにとまらしてもらってほんとによかったと思う。この百姓はお金がなくてもやさしい心をもっているんだと思った。

◇上野広美

となりの大根をぬすんで旅人に食べさせたのに百姓がつかまらなくてよかった。雪がふって足あとを消したのでよかった。

◇新野理恵

旅人のために大根をぬすむなんて百姓はやさしい。ぬすむことはとても悪いのに。でも百姓がそんなことをしたのは心やさしいだけでなく、旅人がそうとうつかれ、おなかがすいてそうだからなのだとも思う。……旅人のためにぬすんでよいことをしたので雪が足あとを消してくれた。……。

2　みんな泳げた！
――ある年の水泳指導の取り組み（四年・体育）

一、全員ができた！（昭和六十年の夏、四年生の指導）

この年は私にとって記念すべき年であった。その理由は後述する。話のはじめに松田君のエピソードからはじめよう。

松田君は無口で静かな子だった。しかしご家族の話では上の兄弟に〝鍛えられて〟乱暴だということだった。そう言えば、何となく体が固い感じがした。跳び箱など器械運動は苦手の方だった。ただ全く駄目ということはなかった。

六月はじめの最初のプール指導の日。子どもたち一人ひとりの水泳のできる程度を確認するため全員にクロールと平泳ぎをしてもらった。もちろんその二つができなければ犬かきでも何でもよい。いわゆる検定である。

松田君はプールの底から足を離して浮くことは前年の指導でできるようになっていた。しかしそれからが大変。前に進もうと手足をバタバタ動かすが、ほとんど進まない。ただ暴れているという感じ。水面に出た顔。そこにはかっと見開いた眼。しばらく水しぶきをあげると、そのうち足を着いてしまう。進んだ距離は二メートル。「はい、ご苦労さん」と言って記録しながら、私は、この子は泳げるようになるだろうか、と思った。そしてこの検定当時、松田君のような子はたくさんいた。後で述べるが私は泳げない。泳ぐことのむずかしさは良く知っている。この子たちの指導に全力を尽くすつもりではあるが、果たして泳げるようになるだろうか。そう思わないではいられなかった。

そして一夏が過ぎ、九月の今度は最後の検定の日、松田君は平泳ぎで百五十メートルを見事に泳いだ。もちろんクロールもちゃんと同じ程度できた。泳げただけでなく、三桁の記録を出せたのである。

そして、この松田君の記録は、私のクラスの平泳ぎの最も短い個人記録なのであった。百五十メートルが最長でなく、最短の記録。はじめの頃、かなりいた松田君と同じような状況だった子どもたちも全員百五十メートル以上泳げたのだった。平泳ぎでは十三人が千メートル以上泳げるようになっていた。
　このときの私のクラスの記録をまとめると次のようになる。

平泳ぎで泳げた距離の記録

プール開きのとき（六月）	
距離（メートル）	人数
十メートル以下	十七人
十～二十五	十人
二十五～五十	六人
※五十メートルで検定打ち切り	

プール納めのとき（九月六日）	
距離（メートル）	人数
百五十～五百	十六人
五百～九百九十九	四人
千～	十三人
※千メートルで検定打ち切り	

　はじめに「この年が記念すべき年であった」と書いた。その理由はこの年はじめて水泳指導の記録をとったこと、同じくはじめて泳げない私がクラス全員の子どもたちを泳げるようにできたことにあった。

ここで〝できるようになる〟ということの意味を記しておきたい。

教師になりたてのころ、どうしても跳び箱が跳べない子がいた。しかし何日だったか、何週間だったか、とにかく随分長い間の努力の結果ついに跳べたことがあった。そしたら、その子は表情も態度も全然違うのである。他の子に優しいし、掃除などもいつになくちゃんとする。お母さんも、「いつもと違うのでびっくりしました」と言っていた。

たかが跳び箱でも、できるようになるというのはこれ程うれしいのである。また、これは指導した教師にとっても同じ。子どもができるようになると本当にうれしい。しばらくは疲れも忘れて子どもを怒らないで過ごせる。だから教師は子どもたちに何であれ〝できさせたい〟のである。

さて水泳指導の話に戻ろう。

二、私の感想

1、子どもの力にびっくりしたこと

まず、私はびっくりした。私が子どもたちに泳ぐことができるように、と考え指導したのは当然である。けれども、子どもたちにこんなにも力があり、こんなにも伸びるものだというのは、こと水泳に関してはこのときにはじめて知ったからである。教員になってはじめて子どもたちに水泳指導をしたときが出発だとしたら、このときが水泳指導の第二の出発であった。

千メートル泳ぐというのは大人にとっても容易ではないのではないか。高学年になっても、中学になっても二十五メートル泳げない子どもだっているのに、この子どもたちはまだ小学校四年生なのである。

2、うれしかった、全員が泳げたこと

一番うれしかったのは、全員が泳げたことである。一般的に、得意な子はできるし

苦手な子はできない、苦手な子ができないのは仕方ないと言われている。しかし、簡単にそれで終わりにしてはいけない、と私は思う。水泳は自転車乗りと似ている。小さいうちに身につけないと一生できなくなるおそれがある。そうなったら、一生水泳の楽しさを味わえないし、溺れたら死ぬしかない。

もし泳ぎの苦手な子が泳げるようになったらその喜びは非常に大きい。一つの困難に打ち勝ったことになり、やればできる、という自信もつく。だから、全員に泳げるようになってほしかった。それがこのとき実現できた。私はうれしかったし、充実感あるいは満足感も味わえた。

また、教師である私も子どもたちの頑張りから、一つの課題を突破し、やればできる、という自信を得たのだった。だから私こそは逆に子どもたちの頑張りに感謝すべき立場にあるとも言える。

三、私と水泳――泳げない教師の水泳指導

私の卒業した小中学校は山の中の学校でプールなどなかった。時代も昭和二十年代

の日本が貧しかったときで私の周囲に泳げる子どもはあまりいなかった。高校にはプールはあったしその時間もあったが事情で見学し、大学でも必要を感じたことはなく泳いだことはなかった。教師になって指導の必要上すぐにトックリ程度にはなったがそれ以上は上達せず、また習いもしないで現在に至っている。

そういう私がプールで水泳指導をしなければならなくなった。私は考えて次のような方針をたてた。

① 危険なこと、無理なことは避ける。それだけでなく、危険である可能性、無理である可能性のあることも避ける。

「水泳指導の基本は安全」、これはあらゆる機会に言われることで、当然のことである。泳げない私の場合にはさらに一歩留意しなければならなかった。

幸いというか当然というか、教師になりたてのころ、プールに投げ込まれていた牛乳ビンに気が付かず、子どもに踏ませてしまい大怪我をさせて以後は、医者に見せなければならないような怪我はさせていない。

② 〝示範〟は良くできる子どもか他の先生にしてもらう。

自分ができない以上はこれ以外に方法はないのである。

担任が〝示範〟をしないことで権威が下がったかどうか不明であるがとにかくそうした。

自分がしないという大きいマイナスはあったが、子どもたちと一緒に示範する人を見ることができる、あるいは見てコメントできるという小さなメリットがあった。

③　他の教科、教材にもまして教材研究を緻密に行うこと。

指導者である私が泳げないということは、子どもたちに対してまことに申し訳ないことである。これを埋め合わせるためには、時間や金がかかるのは仕方がない、と考え、あらゆるチャンスを捉えて水泳について研究、勉強した。

四、前年（三年のとき）の水泳指導——水に入れることの大切さ

1、プールに入れない子ども

さて、一で述べた事実は四年生のときのものである。このクラスは三年生のときも私が担任、つまり持ち上がりだった。ここで一つ関係ないと思われるかも知れないが、実は水泳指導の大きな課題がここにあると、私の考えていることを書かせていただく。

水泳の指導での大きな課題というのは、まず全員をプールに入れることであると思う。子どもたちは通常は〝プール〟は大好きだ。暑いとき水に入るのは気持ちいい。泳げる子は泳ぐのが好きだし、たとえ泳げなくても〝勉強〟をしなくていいこともあって、プールで遊ぶのは大好きである。

ところが、そういう子どもたちの中に、良く見ると、恐くて、あるいは嫌いで水に入れない、入れても水に顔が浸けられない、という子がいる。さらに水が嫌いではないがそれほど好きでもない、という子もいる。泳いだり、浮いたりができない子に多い。このような子どもたちをプールに入れ、活動させるようにするのはそう簡単でない。

水に入れない、あるいは入らない子どもたちを「無理しない」ということでそのまま認め、何の手も打たないこともできる。これが一番簡単で安全だ。だが、いつもそうしているわけにはいかない。

その子どもたちは「水が（あるいはプールが）嫌い。だから入りたくない」と言う。だが、そのように言う子どもたちは、みんな本当は友達と一緒に水に入り、遊んだり、泳いだりしたいのである。ただ、それができないので入りたくない、と言っているのだ。つまり、泳げないから嫌いなのである。こういう子どもたちこそ水泳指導が必要なのだ。

また、本当に嫌いだとしたら、好きにさせてやる必要がある。泳げれば誰だって水が好きになる。私が教えた子どもは皆、そうだった。

泳げるようになるにはプールにまず入らなければならない。プールに入らないと話にならないのは説明の必要はないだろう。教師の立場から言うと水着を着てプールに入ってもらわないとはじまらない。

2、プールに入らない子どもたち

プールが嫌いな子やそれほど好きでない子も通常は水に入る。しかし何かで気分がのらないと、すぐに入らなくなる。プールカードに理由も書いてある。〝風邪〟〝体調不良〟〝傷あるいは怪我〟等々。本当に入れない子どもに交じって、その気さえあれば入れる子もいる。とにかくプールカードに×を書かれてはもうその子をプールに入れるわけにはいかない。万事休すである。

あと、水着やプールカードを忘れてくる。こういう子どもたちも入れるわけにはいかない。全員を泳げるようにと教師が意気込んでも、子どもが水に入らないのではいかんともしがたい。

その上に、泳げない子や浮けない子のかなりの部分はプールに入っていてもペースが合わないと、「寒い」と言ってプールから上がってしまう。見ると、唇がチアノーゼになっていたり、震えていたりしている。こういう場合にも「プールから出て、タオルで水を拭いて、日なたで温かくして休んでください」と言うしかない。

このような場合も指導はできなくなる。

3、まとめ

以上、要するに、クラスの全員をプールに入れて指導のできる状態にすることは簡単でないのである。私が担任した三年生に対し、プールに入れること、水に浮けることという基礎・基本とも言えることを一人残らずクリアーさせるよう指導をしたこと、そして、目的を達成していたことは確実である。これが四年生での飛躍的な（私はそう思っている）伸びの土台を作ったのだ。では、クラスの全員をプールに入れて指導のできる状態にするためにどのようにしたか。それは原則が同じなので四年生に指導したことで述べたいと思う。

五、この年（四年のとき）にしたこと

1、貯金をする

教師の場合、水泳指導はプール開きの前にはじまっている。勉強して新しい知識、指導の方針や方法を見つけておくとともに、心の中に意欲あるいはやる気をためる。良く充電するなどと言うがそれに似ている。またある人は貯金する、と言っていたがこれもピタリの感じである。

教師用語で言うと教材研究をし、指導計画を立てる。

教科書はもちろんいろいろな文献を読んだり、水泳のテレビ・ビデオを見たり先輩・同僚の話を聞いたりする。そして、前年度の子どもの状態を念頭において指導のヒントを探す。

そうこうしているうちに、何らかの具体的な指導上のアイディア、あるいは方法が浮かんでくる。すると早く試したくなるがそれをノートに整理しておく。

同時に事故防止など指導上の原則や注意事項の再確認をする。

こうしてプール開きをいわば万全を期して待つ。
このとき〝貯金〟したことをまとめると次のようになる。

ア　水泳は水との付き合い方を学ぶ

相手は水。順を追い、敬意をはらって対応すれば楽しく遊んでくれる。だが、軽んじ、甘くみると、悪魔のようにこわい。勝手や我がままは避け、水やプールの命令を聞かなければならない。

イ　水は泳げる存在

水というのはビデオ、テレビを見たり、上手に泳ぐ人を見ると、付き合いかたさえ覚えれば必ず上に乗っけてくれるようだ。つまり水は泳げる存在である。泳ぐためには各泳法により、体のどこかの部分をある方向に力を入れて動かさなければならない。しかも水との対応のために、体の各部分は一定のリズムのもとに組織的に連動しないといけない。泳げるようになるためには、人間の方でいろいろやってみて、水の反応を学び、一つひとつ覚えていくしかない。

ウ　水は乗っかる存在

泳ぎのうまい人を見ていると、水に乗っているのがよく分かる。逆に泳げない人は自分でジタバタ暴れてバランスを崩し、自滅している。今年は子どもたちにそれを分からせ、合理的に泳げるようにしてやりたい。

エ　脱力と緊張のバランス

他の運動と同じく水泳においても力を入れる瞬間と抜く瞬間がある。先輩であるY先生はクロールの手の使い方について「力を入れるのは掻くときだけ。あとはフッという感じで抜く」と教えてくれた。これも子どもたちに身に付けさせたいと思った。

オ　呼吸が大切

ある文献では〝水泳指導は呼吸の指導である〟という趣旨のことが述べられ、呼吸をできるようにするための細かな段階的指導方法が書かれていた。また以前の勤務校の体育主任も「とにかく呼吸だ」と言っていた。これは私にも首肯できた。私も呼吸ができなくてトックリから脱却できないから。

今年は呼吸中心に指導を組み立てよう。呼吸はビデオ等を見ると、フォームが正しければ簡単にできそうである。もともと各泳法は合理的にできていて、呼吸ができるようになっているように見える。つまり、きちんとしたフォームが大事ではないか。

2、水に入れるために

病気の子や体が不調の子はプールに入れてはならない。またときとして、自分の状態を正しく認識できない子どもの状態をチェックして行動を誤らせないようにするのは大人の仕事である。

しかし子どもたちがわずかな外傷や、少しの違和感でプールに入らないとしたら、それは、プールが楽しくないせいではないか、と考えてみる必要がある。水着やプールカードを忘れるのも同じ。本当にプールが好きで快適だったら忘れないはずである。

とにかく、前に書いたようにプールカードに「今日は入れません」と×を書かれたらもう打つ手はない。また、子どもに「寒い」とか「気持ちが悪い」とか言われた場合も同じ。もうそれ以上プールに入れておくわけにはいかない。

こういう事態にさせないため、教師である私にできる唯一のことはプールを、つまり水泳指導を楽しくすることである。楽しく、すなわち苦痛や不快なことはなくす。そして面白く愉快な時間にする。さらに進歩が分かるようにする。すなわち、一人ひとりをできるようにさせる。

楽しければ少しぐらいのことでプールカードに×はしない。またカードや水着を忘れないように自分で気を付けるはずである。

楽しいというのは、結局プールにおける水泳指導の、全体の雰囲気が一人ひとりの子どもにとって良い、ということだと考える。

以下〝楽しく〟する＝雰囲気をよくするために行ったことを列挙する。

ア　教師は明るく、陽気に

まず、私は、顔の表情を柔らかくし、できるだけ笑顔でいるように努めた。笑ったり、冗談を言ったりしてとにかく陽気に振る舞った。

このことは子どもたちがのってきて進歩が目立つようになれば自然とそうになる。

そこまでいくのが大変である。安全のための配慮、準備運動をきちんとさせるとか、走らない、飛び込まないなどのルールを守らせるなどは厳格に実行させなければならない。それをニコニコとやさしく行った。

水に入れない子、顔を水に付けられない子、浮けない子、泳げない子がいたときには、とくにマークし話しかけたり、笑わせたり、励ましたり、いろいろな配慮が必要である。朝、プールカードを点検するとき、マークした子どもが水に入ると分かったとき、内心やった！　と思ったことだった。

イ　怒ったり、叱ったりしない

前記のようなことはしないようにと普段よりさらに気を使う。注意をするときは、温かく親切にする。傷付けないようにと努める。またはユーモアを使う。例えば、プールサイドを走る子どもがいたとき、「○○君、走らないで」でもいいが「オット、そのスピードが死を招く」と大声でやれば、叱られたという感じが減り、笑い声が出ることもある。子どもが笑ったら教師の意図は伝わったのである。

ウ　何でも無理強いしない

いくら明るく、楽しくと言っても何か身につけるときには苦しさに耐える場面が必ずある。はじめて何かに挑戦するとき、……水に入るとき、顔を水に付けるとき、浮くとき、呼吸を覚えるとき、苦しさに耐えなければならない。

こういうとき（実は他のこともそうだが）無理強いして強制的にやらせては効果は上がらない。やらされている子は、できるようにならないだけでなく、たちまちチアノーゼになり、またはガタガタ震え出し、「寒い」「気持ちが悪い」と言い出す。プールから上がった彼または彼女は次からはプールに入らなくなる。こうなると万事休すだ。

では苦しさを伴う練習はどのようにするか。

基本的に子どもの自主性にまかせるのである。子どもが見つけられないとき、目標や方法は私が提示する。だが、それから後は本人に任せる。そして、最初に「怖かったら、しなくて良い」「無理にがんばらなくていい」と明確に、しかもきちんと言っておく。ただし、「がんばってできるようになってほしい」ということも伝えておく。要するに無理はさせない、ということ。練習のとき、助言したり、激励したり、協力したりはする。だが、くどいが基本的に本人にまかせる。強制、命令はしない。指導の場の雰囲気が良ければ、子どもたちは、「無理にがんばらなくていい」と言われた方が怖さや苦しさに雄々しく挑戦する。私の経験では水泳指導だけでなくあらゆることがそうであった。逆に、雰囲気の悪い場で苦しい練習を強制するとやらないだけでなく、やる気をなくしてしまう。

3、プールに入ってからの指導でしたこと

これからが狭義の指導である。プールに入ってからの指導でもびっくりするような秘策や突飛な方法があったわけではない。私のしたことは教科書・指導書・市体育研究部の講習会のテキストにほとんど出ている。ただこれが大事だと思うことは、そして当たり前でもあることだが、文献に載っていることや、人から聞いたことをそのまま機械的に行ったのではなく、そこからコレだと思うものをピックアップして計画的に構成していったことである。また、あるときは自分なりに改良して適用した。

以下は私のしたいろいろなことのうち、特に、この年自分として力を入れたこと、あるいは効果があったと思われること、特色と考えることを述べてみたい。

ア　グループ指導

子どもたちを四人から七人ぐらいの小グループに分け、それを指導の単位とし、練習も検定もそのグループで行った。グループには比較的泳げる子がいるようにした。その子は小先生であって、指導や示範も行った。

ただし、その日の目標やいくつかの方法は私が指示した。もちろん、そのグループが○○を練習したい、と言えばそれは許可する。

例えばある日、この辺りでクロールを切り上げて平泳ぎに移ろうと指示した。しかしO君のグループは「M君がもう少しでクロールが完成なのでクロールをやらせてください」と言った。私はもちろん許可した。

さてグループで学習して二十五メートルを泳げるようになったら、その子も小先生になり、自分のペースで練習できる。あるとき、私の指示を少しも守らないで、皆バラバラと勝手なことをしているグループがあった。それで私が「そこのグループは何をしているのですか」と咎めた。すると、「みんな、先生になっちゃった」と誰かが答えた。グループ全員が二十五メートルを泳げ、皆、先生となり、グループは必要がなくなっていたのだった。

グループ指導では面白いことがあった。

森川君たちのグループはにぎやかで何をしているかがすぐ分かった。森川君自身声が大きく、熱心に練習させたり、したりしていた。ところが藤田さんたちのグループはいつも静かで何をしているのか分からない。皆、表情も沈んでいる。「大丈夫かな」と私は思う。ところが一番最初に全員先生になったのは、藤田さんのグループだった。人は見かけによらないと言うが、グループも見かけにはよらないものだと教えられた。

イ　よい泳ぎを見せてやる

貯金の箇所で述べた、水の上では泳げるということ、水は〝乗っかる〟存在だということはできる人のを見せるのが一番手っ取り早い。それで課題を達成している子によく見本として泳いでもらった。見ていると、うまい子ほど自然で無理がなく、ラクラクと泳ぐ。

例えば、クロールの呼吸が課題だとする。それができる子に実際してもらう。まだ良くできない子には見ていてもらう。見ていると自分もできるような気がしてくる。

その感じは正しい。現実に誰でもできるのだから。

また、泳げない子が独力で自分に不足していることを発見することもある。見ただけでできるようになることもある。だからビデオやテレビも見せた。

とにかく見本、手本を見せる機会を多くした。

ウ　フォーム

うまい泳ぎ手はとにかくラクに泳いでいる。これは無駄がないということ、合理的だということであろう。

バタ足を例に取ると、まず進まないといけない。もちろん沈んではいけない。最小の労力で、最大の推進力を得られるのがもっとも合理的なはずである。クロールのうまい人の足の動きを見ていると、魚の尾の部分の動きと似ている。力が入っているがしなやかである。

平泳ぎの場合、カエル足で体を推進させることができても、手の掻きとのバランスが悪いと進めないし呼吸もできない。そういうことは一人ひとりが自分で格闘し覚えていくしかない。

要するに、合理的な泳ぎというのはフォームに約元される。それで、無理がなく、しかもよく進むフォームを身に付けるように、また自分で発見させるように努めた。ここで気を付けなければいけないのは合理的なフォームが人によって異なることである。

これはこの年のことではないが、松下君という子がはじめてクロールで二十五メートル泳げたときのことである。見ていて私は、もうだめかと何度も思った。とにかく、良く体が沈んで、まるで潜水泳法だ。これでは呼吸がむずかしい。慣れているならともかく、はじめての二十五メートルへの挑戦なのである。これでは苦しいのではないか、立つしかないのではないか、ドクターストップをかけるべきか、とつい思ってしまう。いつも「無理しなくてよい」と子どもたちに言っているので、子どもの判断にまかせているが、本当にこれで良いのかと迷ってしまう。そうこうするうちにプールの端まで着いてしまった。二十五メートル泳げた。無理で危うく見えた彼の泳ぎは少なくともこの時点では正しかったのである。

エ　呼吸法の重視

クロールにおいても平泳ぎでも呼吸を重視した。理由は貯金の箇所で述べた。また、同じことの繰り返しになるが、指導のとき自分ができたらどんなにやり易いことかと思わされた。

細かく段階的に指導しようかとも思ったが、考えた末、そういう必要はないと結論を出した。ただ、この段階で子どもができる、できないの二極分解しては困るので、慎重に指導していった。

最初に浮いてる状態でなく足を底について、顔だけを水に付けた状態での呼吸の練習をした。続けてできないと、水泳には使えないと思ったので連続して行うことを主眼に練習を重ねた。

次に浮いてる状態即ちバタ足で・ビート板を持って・手を引いてもらって練習。むずかしいことは段階を細分化し、だんだんするのが一つの基本的方法である。最後にクロール、あるいは平泳ぎで。

ここが水泳の指導における一番の難所だ。むずかしいし苦しいはずである。私はこれがクリアーできないで未だにトックリなのだ。泳げない私の、もう一つ確信に欠ける指導に子どもたちがどんな反応を示すか一抹の不安があった。何しろ水泳における呼吸がどのようにできるのか私には具体的には分からないのである。子どもたちが私の指示をちゃんと実行してくれるかどうか。

子どもたちは挑戦しないのではないだろうか。しかしこれは杞憂であった。子どもたちはそんな私の指示を忠実に守り、ブーッパッブーッパッと果敢に練習を続けた。もう一回、もう一回と連続二十回（私の指示した最後の目標）を目指して。子どもたちの表情には疑いなど微塵もなかった。それどころか必ず突破してみせるという決意に満ちていた。そのバイタリティー、それに気迫と集中力。それを見たときの感動とうれしさを今でも私ははっきり思い出す。はね上がる水しぶきの間から子どもたちの練習を見ていて私は背筋がゾクゾクした。それは私のふにゃけた激励や賛辞を受け付けない激しさと厳しさに満ちていた。「先生に恥をかかせてなるものか」小さい子どもたちは全身でそう言っているように私には思えた。プールサイドを私は黙ってうなずきながら巡回した。子どもたちは二極分解せず、全体としてどんどんできるようになった。よくやってくれた。これから後、私は心の中で子どもたちに頭を下げ続けた。予想を超える子どもたちの頑張り。これに出会うのが教師をしていて良かったと思う至福の瞬間の一つである。呼吸に取り組む子どもたちの姿を見て、私は今年の水泳指導が少なくても惨めな失敗には終わらないという確信をもった。

オ　流れ

プールで子どもたちが好んだ遊びに流れるプールというのがあった。それはプールの中を全員で同じ方向に歩き水を渦巻きのような「流れ」にさせる遊びである。ところで、今述べている水泳指導の経過がこの「流れるプール」と良く似ていた。それはある時期から私のクラス全体が、水泳ができるように、できるようにという大きな流れを作り出したからである。

毎日ほとんど全員が何らかの進歩をする。それまで呼吸のできなかった子ができるようになる。何人かははじめて二十五メートル泳ぐのに成功する。それまで平泳ぎができなかった子ができるようになる。

こうして我がクラスの水泳の授業において、大きな渦巻きに似た進歩の流れが形成された。

こんなとき、鈴本さんはなかなか二十五メートル行けなかった。前の松田君と同じに体が固い感じのする子で、外の人が一日でクリアーするところを二日たっても三日たっても駄目なときがよくあった。私はこのことは知っていたが何も特別な手は打たなかった。今は個人指導をする場合ではないと思ったからである。ここで鈴本さんを意識して彼女中心の授業などをしたら、学級の流れを止めてしまうことになる。鈴本さんが暗くなったり、自信を失いかけたりしない限りそのままにしておく。彼女もクラスの流れの中の一員なのだ。皆、どんどん良くなっていたから、クラスは自信と明るさに満ちている。彼女がその中にいる限り何も心配は要らない。私は何かしたい気持ちを押さえて彼女を見守った。

そのうち彼女も二十五メートルをクリアーし間もなく五十メートルもクリアーした。彼女の進歩は同じように苦労していた一部の子どもたちを励まし、さらにクラスの流れを大きくし加速させた。壁に当たっていた鈴本さんをそのままにし、流れの力に期待した私の判断は正しかったと考えている。

4、いくつかの小さなこと

ア　大きな進度表・名簿・ノート

次のような表を教室に貼っておいた。

・大きな進度表

進歩がすぐに分かるように作成した。また、水泳ができるようになることがクラスの目標であることを示すねらいもあった。さらに、この表を作ることは指導する私に、全員をできるようにさせる義務があることも示す。これを作った以上私も後へは引けないことになる。

4年1組水泳進度表

N	O	1	2	3	4	5	6	7
		氏名	〃	〃	〃	〃	〃	〃
クロール	5	○						
	10	○						
	15							
	25							
	50							
平	5							

・ノート

前に述べた貯金のときのノートに授業の予定、その日の反省、教材研究の内容等を記録しておく。それには児童名簿を貼る。大きな進度表と同じ内容を書いておく。それ以外の個人的なメモも記入する。水泳指導の終わりの時期、七月の十五日頃からは子どもたちの進歩の記録ばかりみたいな内容になった。

イ　安心感を与える

子どもたちに安心感を与えるのは前述した雰囲気を良くするのとも関係して重要である。当たり前のことであるが二つばかり述べさせてもらう。

◆立ち方・潜り方を教える

低学年でしてあるはずだがウオーミングアップを兼ねて念を入れて練習する。とくに立ち方を一人ひとりチェックしておく。もともと児童の背の立つプールで授業は行われるのだし、立ち方・潜り方の練習は、泳げる子には退屈かも知れない。が、何度も言うように泳げない、できない子どもを基本に据えて指導しなければいけない。

◆私は先にプールに入る

私が最初にプールに入り、湯加減ならぬ水加減を測る。もちろん、水温計で水温は計ってあるし消毒薬も入れてあるし、塩素濃度も測ってある。でも私は自分が体で確かめないと気がすまない。私が子どもだったら先生が先に入っていたら多少安心するから。ちなみに、私は水泳指導で水に入らなかったのは、二十八年の担任期間で教員になって三年目のとき、水着を忘れて入らなかった一回だけである。この一回がなければ教師の全期間○回だったので今でもそのことが少し残念である。

ウ　自由時間

子どもたちは遊べる、自由時間が大好きである。そこでプールに入って、最初の何分間かは自由時間にする。そのようにして子どもたちの雰囲気を盛り上げ、教師は子どもたちのその日のコンディションを見る。終わりの何分間かもそのようにする。

エ　検定・距離・スピード

終わりの何分間かは毎時間検定とする（もちろん、前述したように自由にするときもある）。練習の成果は誰しもすぐに確かめたいものである。それは教師である私も同じなのだ。それに検定は練習の付録みたいなもの、練習とセットにしてしないと駄目。検定日などと言って一日検定だけするなどというのは無駄なことである。それは授業をしないでテストをするようなもの。そんなことをする暇があったら泳げるように指導すべきだ。

さて、検定ではとにかく泳げる距離を重視した。体育は選手になるためにしているのではない。スピードよりは距離が実用の点からは大切である。もちろん上手になればスピードも出る。

はるか昔、ある国の泳げることの定義というのを聞いてびっくりした。それは、泳げるとは水泳で二千メートル以上進めるか、八時間以上水に浮いていられるか、のどちらかができること、と言うのである。それまでは水の上で何メートルか進めば「泳げる」などと言っていたのだから驚くのも当然である。しかし考えてみると、船が沈んで泳がなくてはならない、というような場合、二十五メートルぐらい泳げてもはじまらないとも言える。そういうことも距離を重視する理由の一つにあったかも知れない。

オ　授業時間

授業の時間は四十五分でみんな同じ。いかにその中で能率を上げるかである。教員になりたての二、三年は放課後プールに入った、などということもあったが、以後はそんなことはしていない。水泳でも何でも体育は決められた体育の時間で指導すべきである。そこで時間を無駄にしないようにし、そして一時間の授業を充実させなければならない。

プールカードは朝登校したらすぐに提出するように決め、全員分がそろったら、当番が職員室に持って来る。私は始業前に点検し、その日にプールに入る人数を把握する。見学の人がいる場合、その人にタオルを持って行ってプールの網にかけておいてもらう。その日の授業の目標や主な方法は準備運動の前に言っておく。水に入ってからでは声は通らないし、耳に水も入るしで話をする状況ではなくなる。

準備運動をしている間に別の先生に塩素濃度や水温などプールの状況を点検してもらう。もちろん私がする場合もある。そして前述のように私は子どもより一足早く水に入る。

六、この年の終わりに

よく「一年生なのにちゃんと泳げる」とか「二年生なのに百メートル泳げる」とか言うことが話題になる。私はそういう話にはいつも異和感を感じてきた。できるのは良いことだ。しかし、私が三、四年や五、六年を担任すると必ずと言って良いほど水に入れない子、入っても浮けない子、あるいは全く水上で進めない子がいた。一年生なのにちゃんと泳げる子とか二年生なのに百メートル泳げる子のいるクラスにはそういう子はいないのだろうか。もし一人でもいたら、次の担任には特にできる子がいるよりも全員が水に入れるクラス、全員が浮けるクラスの方がありがたいのである。少なくとも私はそうだった。理由はすでに前に書いた。三年になって、または五年になって泳げない子こそ、できるようにしてやらなければならない。そして他の子どもと離れてしまったそういう子どもの指導がむずかしいのだ。

学年が上がるに連れて、泳げない子は他の子どもとの差が大きくなる。そういう子の一部は見学ばかりになってしまう。他の子どもがスイスイ泳ぐのに、自分はただもがくだけ、では誰でもいやになる。

さらに三年、四年のうちなら泳げない子でも、他の子と一緒に指導できる。しかし学年が上がるにつれてそれは困難になる。五、六年ともなれば個人指導以外に方法がなくなってしまう。こうなると指導する方もされる方も大変になる。当たり前だがクラスに先生は一人しかいない。

それはともかく昭和六十年のこの夏、私は深い満足と充実感をもって水泳指導を終えることができた。いわばこの瞬間があるから教師をしてきたのである。繰り返すことになるが、泳げない私の指導に従い、全力でがんばってくれた子どもたちに感謝したい。本当によい子どもたちだった。

この後、私は八年間担任として水泳指導を続けることになるが、それはまた機会があったら書くこととし、この記録は終わりとする。

3　全員での勝利目指して
――球技大会への取り組み（三～六年・体育）

一、はじめに

今回残っている記録を整理してみたら以下に書く球技大会に関するものが一番長くなってたいへん当惑した。そもそも私はこの球技大会、正式には地区球技大会の開催に反対なのである。昔もそうだし今ももちろん。

第一に意義。対校試合ということになると勝敗が問題になる。何らかの工夫をしない限り必然的にそうなる。記録に残るのは点数と勝敗だけだからだ。そして勝敗の場合、全チームが勝つということはあり得ない。勝ちと負けは同数だ。勝ちの喜びは負けの悲しみとセットである。つまり全体としては利益はないのだ。対校試合があるから体育の授業が充実するというメリットはあるかも知れない。それは学級内あるいは校内でも十分あるはずである。つまり試合をするなら校内で十分。

次に時間。学校では時間は非常に大切だ。ところが半日つぶして前は二試合だったが今はだいたい一チーム一試合。つまり子どもの活動する実質的な時間は一試合分の十五分程度ということ。会場校への往復や順番待ち等で残りの時間がかかる。さらに大会開催のための事務。組み合わせや係の割り振り、文書の印刷等々。学校というところが時間があり余っているならいいが事実はその反対。勤務時間内では授業の準備や子どもの成績物の評価など、どうしてもしなければならないことをする時間もないのが実情なのにである。

そのうえに勝つために努力ということが何となく馬鹿馬鹿しい感じ。体育の球技はプロスポーツではないので勝つ必要はもともとない。しかし一部の先生の言うように球技大会では「勝敗は全然問題にしない」というのがもし本当ならおかしい。自分のクラスの子どもたちが他のクラスや他の学校に負けても勝っても「全然問題にしない」、ということは普通あり得ない。自分の担任している子どもたちを勝たせようと思うのも、勝つと喜ぶのも負けると落ち込むのも当然のことである。

私は教師になりたてのころ、つまりはじめの頃は、球技大会に反対ではなかった。といって賛成というわけでもなかった。あるものには従うという普通の考えだった。しかし教師の仕事が時間をかければかけただけのことがある、ということ、教師は勉強しないとだめということが分かった頃から反対になった。それで職員会議で発言し、多少強引に学校として反対という結論を得、学校代表の集まる会議で言ってもらうことにしたときもあった。

しかし廃止はもちろん何らの改良も成されなかった。後述のように私の球技大会への取り組みは教員になりたての頃の反対でも賛成でもなかった時代にはじめたのである。やる以上はそこからできるだけ利益を得なければならない。それには集中して効率の良い練習をし上手になるしかない。そして勝つために努力するなどということは、もともと大したことではないので自分や自分のクラスの内部でこつこつと実行してきたことだった。もちろん他にもたくさんすべきことのある私にとって、だんだん勝つことの比重は下がっていった。でも負けるよりは勝つほうが良いので時期になると努力した。

以下の記録は以上のことを承知して読んでいただくと幸いである。あと校内の球技大会でも地区の球技大会でも優勝だの一位だのはない。私が勝手に言っているだけ。もちろん勝敗や勝率は公式に記録する。だから私がその記録をもとに一位かどうか計算をした。あまり負けると計算する気がなくなるがそういうことはなかった。

二、出発

今から数十年前のことである。その年、弱冠二十？才の私は四年生を担任していた。その二学期、十月から十一月のことである。この頃、私のクラスは絶好調であった。子どもたちは明るく、皆、仲も良かった。とくにドッチボールが好きだった。休み時間はもちろん、放課後もすぐには帰らず全員残ってドッチボールをしていた。カバンを教室に置いて校庭でとても楽しそうに、来る日も来る日もやっていた。

だから、間もなく来るはずの校内球技大会でドッチボールが種目となれば、我がクラスの勝利は確実に思えた。何しろ全員で毎日練習しているのである。

ところが、問題の球技大会での結果はどうかというと男子は一勝（二敗）、女子は全敗（三敗）でトータルは四クラス中四位つまり最下位であった。チームワークでも、練習量でも、他のクラスに勝っていたはずである。一体何故、敗れたのか。

その理由を考えていたとき、何となく頭に引っ掛かっていたある事実が思い浮かんできた。あるとき、たしか違うクラスの四年の子どもがキャッチボールをしていた。何となく見ていると、スピード、スケールの大きさ、迫力、どれも私のクラスの子どもとは段違いに力強いように思えた。それで、私は、「この子どもたちは五年生だったのか」と一瞬思った。でもその子たちはやはり隣のクラスの子、つまり同じ四年生だった。我がクラスの敗因を考えたとき、このことを思い出した。相手のクラスは迫力があり、荒っぽい。とても取れそうもないボールも取ってしまう。要するに強い。

これらの事実を基に、しばらく考えて敗北の理由が分かった。我がクラスはドッチボールを楽しんでいたのである。強くなるために練習していたのではなかった。皆で楽しく遊んでいたのだ。それはそれで意味のあることだった。しかし「楽しく遊ぶ」だけでは、向上心をもつとか、技術の進歩とかは弱くなってしまう。ドッチボールはそれ自体楽しいのだから、べつに強くならなくてもいいのだ。

結果、我がクラスが授業で何かを追求したクラスに勝てないのは当然である。我がクラスには厳しさが不足していたのだった。もちろん運動の能力のある子どもがクラスに少なかったので、素質ということで劣っていたということはある。だが、そうなったら、全て偶然が支配し、教育や指導の余地はなくなってしまう。

つまり、我がクラスの敗因は厳しさの欠如にあった。球技はそれ自体ゲームであり楽しいが、ただやっているだけでは力はつかないし、他のクラスに勝てない。体育の授業はもちろん、できれば放課後の練習でも具体的な目標が必要である。一人ひとりの、あるいはチームの、またはクラスの目標が。当然、次の年はそれを基本にして、子どもたちに目標をもった練習をさせる指導をしようと思った。

そして次の年、私は持ち上がりで五年担任となった。もちろん、クラス替えでメンバーは違う。しかし去年の轍を踏まないこと、校内球技大会の目標はそれしかなかった。まず、授業で目標をきちんとたてるだけでなく、それがどれだけ達成できたか必ず点検するようにした（この年、球技大会の種目はポートボールであった）。シュートの練習は次のようにした。一人当たりの試技の回数を決めておく。例えば一人十本。はじめに十本のうち何本決まったかメモをしておく。そしてシュートの練習をさせる。それが終わるとまた前と同じ十本シュートをさせる。前より入った本数が多くならないと駄目。だからなかなか厳しい。いい加減にはできない。ただ、適切にシュートすれば大体は入る。いくらうまいガードマンでも良いシュートは防げない。このようにとにかく、子どもが〝遊ばない〟ように練習をした。本気でしなければ何事も効果は上がらない。真剣に取り組んでこそ進歩はある。

ここで一つ問題が出てくる。子どもたちが最も真剣になるのは試合である。だとしたらつまらぬ練習をするより試合をたくさんやった方がよいことになる。それに子どもたちは試合が好きだ。ところが、試合ばかりやらせると、それなりに進歩もするし強くもなるが、試合のやり方が汚くなる。きちんとしたフォームやすっきりした戦術は、やはりそれだけを練習しないと身に付かない。以上のことの解決策は、試合をたくさんやることと、練習を試合形式にするなどして練習を試合と同じくらい真剣にやらせることである。

さて、以上の考え方で練習し、いよいよ校内球技大会の日がやってきた。審判と記録で私は自分のクラスの成績を確かめるすべがなかった。自分のクラスが気になってしかたのない私は、六年の審判をしながらチラチラ隣の五年のコートを見た。すると、いつも負けている感じである。シュートされていたり、パスを奪われていたり……。それに厳しい練習をしたはずなのに何となく相手チームの方が強く見える（ただ私はいつも自分に不利にものを見たり考えたりする癖がある）。全試合が終わり、まず男子の結果が分かった。一チームが一位、もう一チームは二位。「良くやった」と私の顔がほころぶ。そして女子。何となく下を向いて元気がない。また負けたか、と一瞬思う。女子の中心の一人梅沢さんに「どうだった。だめ？」と聞いた。すると、彼女は大きな目で私を見て「全部勝っちゃった」と答えた。〝全部勝ち〟つまり二チームとも全勝＝第一位なのである。これはうれしかった。意図をもって取り組んだだけにうれしかった。あるいは偶然だったのかも知れないが、もしこのとき負けていたらその後、工夫して球技大会に取り組むことはなかったろう。以後二十数年続く球技大会への取り組みはこの年に出発したのである。

次の年、持ち上げた六年のときは種目がサッカーとなった。

しかしこの頃、サッカーは今ほど盛り上がっていなかった。先生の中にもオフサイドを知らない人がおり、私もあまり経験がなかった。ただ我がクラスの子どもたちはサッカーが大好きで休み時間も放課後も毎日やっていた。校内球技大会は行われたが地区の球技大会は中止になった。校内球技大会のやり方も一チームが男子全員で二十人、もう一チームは女子全員でやはり二十人といった具合だった。人数が多過ぎて点が入らずオール引き分けだったように思う。私自身も記憶に残っていることがあまりない。ただ、このクラスはサッカーがうまく、強かった。彼らが進学する三つの学校が集まる中学校のサッカーチームはレギュラーの大半が私の学校であり、そのうち三人が私のクラスの出身だった。その他、私のクラスの主将だった子は別の学校に進んでいた。そして彼らが報告するところでは、市の大会、次の三市大会で優勝し県大会に出た。ところが一回戦で、県はもちろん、関東だかで優勝した学校と当たり、惜敗してしまったという。「勝てば、俺たちが（全国優勝を）できた」と、このことを報告してくれた私のクラスのエースストライカーだった高橋くんは言っていた。

三、今までの成績

ここで、それから今までの球技大会、あるいは対抗戦の成績をまとめてみよう。ただ、単なる自慢話と受け取らないで欲しい。勝敗だけを追求したのではなかった。

今までの成績（一九七一～一九九三）

年度	担任年（クラス数）	種目	校内球技大会	地区球技大会
一九七二（S四十七）	三（五）	ドッチ	六勝一敗一分	
一九七三（S四十八）	四（五）	ポートボール	勝敗不明だが第一位	
一九七四（S四十九）	六（四）	ポート	十二勝五敗一分	不明 ※ピンクチーム
一九七五（S五十）	六（四）	ポート	十四勝四敗〇分	五勝一敗
一九七六（S五十一）	三（五）	ドッチ	八勝四敗	※無名のエース
一九七七（S五十二）	五（三）	バスケ	九勝二敗一分	中止
一九七八（S五十三）	六（三）	バスケ	六勝四敗二分	十勝二敗
一九七九（S五十四）	三（三）		不明	
一九八〇（S五十五）	五（三）	バスケ	四勝六敗	四勝六敗※
一九八一（S五十六）	六（三）	バスケ	七勝三敗	七勝三敗
一九八二（S五十七）	五（二）	バスケ	二勝六敗	十三勝二敗一分
一九八三（S五十八）	六（二）	バスケ	四勝三敗一分	十二勝二敗二分

三、四年ばかりなので省略

一九九二（H四）	五（三）	バスケ	九勝三敗	二勝四敗
一九九三（H五）	六（三）	バスケ	九勝二敗一分	五勝〇敗

※次の項に出てくるチーム

四、球技大会で印象に残ったこと

1、無名のエース

昭和五十一年、三年生でドッチボールに取り組んだときのことである。

例によっていろいろ工夫し、厳しく鍛えた。五チーム、ブロック別リーグ戦である。二チーム以上が一位にならないと第一位とは言えない。それは、たしか、〝優勝〟のかかった大事な試合でのことだった。そのとき審判をしなくて良かった私は、応援して見ていた。

ドッチボールでの私の基本方針はパワーとスピードで一挙に相手を全滅に追い込むことである。

試合をするチームはクラス最強のチームだったが、当日、副将の俊裕君が風邪で休んでいた。彼は五年生相手に強いボールを取る練習をしていたファイトマンだったから痛かった。でも、そういうことも予想して一人ひとりを鍛えておいた。だから勝つのは当然、などと楽観して見ていた。

試合がはじまった。ところが、状況は私の思惑とは逆に進んだ。固くなったのか、相手が強いのか、主将の北田君以下、強い子たちが信じられないポロを繰り返し、次々に当たっていった。間もなく内野は一人になってしまった。最後に残った一人は女子で、ボールでは強くない茶目な高野さんだった。高野さんが当たったら、我がチームは全滅でゲームセットである。そして、クラスの〝優勝〟も怪しくなる。取るのがうまくない高野さんは必死に逃げ回る。前から背後から、また横から次々に襲いかかる相手のボール。ずいぶん長い時間（私にはそう思えた）高野さんは逃げ回った。そのうちルーズボールがこちらのコートに転がり込んだ。押さえた高野さんは全力で外野にパスした。そのボールは待ち受けた北田君に渡った。彼は一人当てて内野に戻った。実質的には勝負はここでついた。北田君は本来の力を発揮して、相手のボールを次々と取り、外野にパスして味方を迎え入れた。流れは変わった。そして、我がチームが絶対優勢のうちに試合は終わった。

この試合の勝利の立役者は誰か。それは髙野さんである。ちょっとひよわで体育の得意でない髙野さん。彼女があきらめたら、あるいはエラーをしていたら、それで終わりだった。こうして、クラスに今までは無名だった一人のエースが誕生した。このように予想外の事件が起き、予想外の子どもが活躍する。これが教師をしていて良かったと思う瞬間の一つだ。予想どおりの結果が出ることはうれしい。しかし思いがけない子の意外な活躍は胸にじんとくるものがある。

プロ野球の西本元監督は「期待してなかったヤツが、意外な活躍をする醍醐味はたまらんな」と言っていたが、私は教師も全く同じだと思う。

2、逆転

これも予想外のことが起こった印象深い試合である。昭和四十九年、六年生を受け持ってポートボールに取り組んだときの地区大会での出来事である。

それはピンクチーム（私はいつもハチマキの色でチームを呼んでいる）という、クラスで三位、学校でも三位のチームのことだ（その年はブロック優勝のチームでトーナメントをやり、学校の一、二、三位を決めた。私のクラスが一、二、三位を独占した）。ピンクチームは誰もが認めるような名手のいないチームだった。主将の山本君は人気はあったが、技術的には他の主将に見劣りがした。

問題の試合は市内球技大会の最後の試合。

この試合では相手が強く、いつもリードされていた。後半になり、はじめてピンクは同点に追いついた。だがその直後に相手に入れられ、またリードされてしまった。やはりだめか。応援していた私も子どもたちもそう思った。そのうちにこちらのガードマンが相手にパスしてしまった。ドリブルで進む相手チーム。見ているも人も選手もガクッときた。これまでだ。私はこのとき内心でピンクの敗戦を覚悟した。ところが、後方にいた山本君が猛然と動き出し、相手のボールを奪ってしまった。そしてパス。これをきっかけにして、ピンクの全員は生き返ったように働いた。私は「どこにあんな力が残っていたのだろう」とびっくりした。結局、混戦の後、こちらのシュートが決まり同点。相手のスローイン。パス、シュート。ガードマンの小山君が叩き落とす。リバウンドを拾う。パス、そして超ロングシュート。決まった。同時に試合終了のピストルが鳴った。ピンク、逆転勝利。私は奇跡が起きたような気がした。

あいさつを終えて帰って来た山本君は「血の出るような勝利だった」と言った。応援していた山谷さんは日記に「……ピンクの人たちは皆真っ赤な顔で汗をかいていた。私は思い切り拍手をしてやった。……」と書いていた。私も予想を超えたピンクチームのがんばりに立ちすくみ、拍手するのを忘れてしまった。確実に敗戦と思えた試合をひっくり返す。本当にすばらしいピンクチームの奮戦だった。私はこのとき、簡単にあきらめてはいけないこと、子どもたちには予想を超えた力が潜んでいることをまざまざと実感した。たかがポートボールの一試合のことだったが、こういう実感なら何のことでも、何回あっても良い。

3、フェアな相手チーム

球技大会の楽しみの一つは良いチームや良いクラスと当たることである。例えば、戦術や戦法で「なるほど、こんな方法もあるのか」と感心させられることがある。そういうときはメモしておいて翌年やらせてもらう。また、技術はなくとも全員で協力し、力を合わせて戦い、敗れても互いに少しも文句を言い合わずきちんとあいさつをして戻る。そういうチームもある。

三年、四年生と組んだH先生のクラスがそうだった。そんなチームに合うとすがすがしい気分になり、見習わなければと思わされる。一方、そんな良いチームを、鍛えた私のクラスのチームがなぎ倒すとき、申し訳ないような気分にもなった。これは前述のピンクチームと同じ市内球技大会のときのことである。あるチームの一人が故障して試合に出られなくなった。そこで、ちょうどそこにいた別のチームの主将（出られなくなった子よりはるかにうまい）を入れた。私は悪いと思い、相手チームにそう言い、「あなた方も一人入れ代えてください」と言った。しかし、そのチームの主将は即座に「いいです。このメンバーで今まで戦ってきました」と答えた。当たり前のこの一言が、私にはすごくさわやかに聞こえ「負けた」と思った。勝敗もだが、まずフェアでなければいけないのだ。フェアで印象に残る、そういうチームを育てたいと思わされた。

4、審判とテレビと

球技大会のときは、審判をしなければならない。ところが、運動音痴に近く、球技の選手などなったことのない私は、はじめの頃は不安で自信がなかった。例えばドリブルをしてきた子とそれを止めようとした子が衝突してしまった。反則なのはどちらなのか。クラスなら何とかなるし、また間違っても後で訂正できる。

だが、別の学校同士の試合の審判となるとそうはいかない。そこで私はテレビのバスケットボールの試合を見て審判のやり方を研究することにした。はじめの例はすぐ分かった。無理をした方が反則なのである。はじめはこんな簡単なことすら分からなかった。ダブルドリブルとか、トラベリングとかは正確さは別にして、ルールで判断できる。問題は二人以上が関係した行為の判定である。その場合、無理をした方が、危険なことをした方が反則である。

もう一つ、テレビを利用したことがある。それは試合中の助言、あるいは指示についてだ。試合が行われている。接戦でありシーソーゲームだ。何か手を打たないと負けてしまう。総監督である私は、奮戦している子どもたちに何か助言してやらなければいけない。ところが、何を指示すれば良いのかさっぱり分からない。頭がカッカし目を丸くしているうちに試合は終わってしまう。これではいけない。何とかして即座に適切な指示が出せるようになりたい。けれども練習しようにも対外試合はあまりない。そこでまたテレビの利用を思いついた。テレビのバスケットボールの試合を見る。

ただ見るのでなくどちらかの、好きなチームの監督になったつもりで見る。そして試合をよく見て具体的な指示を出す練習をする。テレビは部分しか写さないし、はじめは選手の名やゼッケンも分からない。でも、テレビの試合は長いからそのうちだんだん分かってくる。これは馬鹿げたことかも知れなかったが、以後、だんだん具体的な指示ができるようになった。

その他、スポーツのテレビ番組がより面白く見られるという良い〝副作用〟もあった。しばらくすると、試合は子どもたちに任せ、指示はしなくても済むことが多くなった。比較的後期の地区球技大会で久し振りに指示を出した。終わりの方の試合のときである。リードはしているが二点差で危ない。見ていると、名シューター早野さんの思い切りが悪い。そこでハーフタイムに彼女に「もっとシュートを打ちなさい」と言った。後半がはじまるとすぐ彼女のミドルシュートが決まり、以後は比較的楽な戦いで勝てた。

ついでだが子どもたちにもテレビでバスケットボールやサッカーの試合を見ることを奨励した。そういう宿題を出したこともたくさんある。良いゲームを見ておくのは大変良い勉強になるし、授業での話の材料にもなる。それに、そういう宿題はみんなできる。

5、チームワーク

三年生でエンドボールを指導したときのことである。隣のクラスに野原君という体は大きいし、反射神経も良く、ずば抜けた体力の子がいた。

私のクラスの子どもたちは「野原君のいるチームには勝てない」と言う。そこで私は「そんなことはない。一人では勝てないのだ」と言った（野原君は後に陸上記録会で学校一位、市でも三位になった）。

私の基本方針は後で書くようにチームワークなのである。そして結果は私の言うとおりになった。野原君がガードマンになると、そのチームは点が入らず、反対に攻めにまわるとやたらに点を取られ、私のクラスの圧勝となった。何よりも野原君には共に組める子がおらず、一人で戦っているようだった。主将のレベルに全員が合わせようとがんばる私のクラスの組織戦に、野原君のワンマンチームが勝てないのは当然だったのである。

五、球技指導上の諸問題

1、良いゲームとはどういうゲームか

さて、良いゲームとはどういうゲームなのだろうか。良いゲームのできる強いチームとはどういうチームなのだろうか。それは、正しい判断ができ、または勘が働き、それにしたがって行動できる力が、一人ひとりの子どもたちに備わっているチームである。

試合における、ある特定の場面においては必要で正しい行動は、一つまたはいくつかしかない。バスケットボールだったらパスするか、ドリブルするか、シュートするかである。パスも誰にするか、あるいはどちらの方向にするかである。これは判断力ではあるが通常の判断とは違う。というのは、考えている暇がないということである。瞬時に判断し、瞬時に行動しなければならない。スピードはあらゆるスポーツに必要な要素である。ここでいう判断力、あるいは勘は、試合でしか養うことはできない。この意味でも、試合が、しかも真剣勝負の試合をすることが必要である。それに前に

書いたように子どもたちは試合が好きだ。教科書に試合を中心にとあるのは以上の意味もあるのだろう。私の授業においては練習試合はない。どんな試合も学級順位決定戦の試合であり、勝敗も得点も記録される。出発点で述べたように、厳しさのない試合は、子どもたちを強くしないのである。

さて、判断ができ、勘が働いても、そのとおりに行動できなければいかんともしがたい。ドリブルが必要なときドリブルが、パスしたいときパスが、シュートすべきときシュートができなければならない。それゆえにシュートの練習も、パスの練習もドリブルの練習もしなければならない。

当然のことであるが、以上のことは子どもたちができるようにならなければならない。先生の大声、叱咤は大体が、子どもたちの邪魔である。

2、体力とスピード

ゲームに勝つために、実はそんな小さなことのためだけでなく、必要なことがある。それは体力である。そして体力は一朝一夕には付かない。だから四月から計画的に付けていかなければならない。体力とは何か。また、どのようにして付けるか、は長くなるので省略する。ただ、私はいつも体力を付けることを念頭においてきた。あるとき、球技大会が終わって、同学年の先生のつぶやきを耳にした。「我がクラスは、まず体力がない」、私もたしかにそうだと思った。私は四月以来、いつも体力を付けることを工夫してきていたからだ。

だからと言って、やたらなハードトレーニングはしてこなかったし、またすべきでないと考える。それは、効果が不明なだけでなく、突然死をはじめ、いろいろな危険があるからである。体力とは種類が違うが必要な要素がある。それはスピードである。つまり判断の速さと行動の速さだ。これは、生活にも必要なことである。ゲームの勝負はスピードで決まる。だから私は子どもたちに、試合での判断の速さ、行動の速さをいつも要求してきた。「迷うな。第一感の行動をすばやくやれ」、いつもそのように言う。〝速く〟するときにはミスもある。だが、それは仕方がない。できるかぎり、速いスピードで行動することが必要なのである。そして瞬間的に、なかば勘で正しい行動ができることを目指す。頭脳の判断どおり、瞬時に身体が反応する、その速さと正確さこそ体育が目指すものではないだろうか。

3、〝弱い子〟をどうするか

どこのクラスにも体育に弱い子がいる。そういう子に対してどうするか。はじめに、ある事実を報告したい。

昔、ドッチボールで男子二十人のうちから強い順に五人を選び、五人対十五人で試合をさせたことがあった。結果は何回やっても十五人の勝ち。強い弱いと言ってもたいした差はないのである。

もう一つ。球技大会などで対戦して私がいいなと思うチームは、全員が協力するチームだ。皆、一生懸命プレーして強いとか弱いとか意識していない集団である。問題はうまいへたではない。全員が意欲的に参加しているかどうかである。うまいへたは比較すれば明らかにある。それを忘れてみんな熱中すれば良いのだ。そのためにはまず学級において、「あの子は弱い」と言った先入観をつぶし、一人ひとりを大事にする人間関係を作らなければいけない。と同時に、厳しいことだが〝弱い子〟をいたわってゲームをしてはいけない。このことは絶対に必要なのである。弱い子を意識してゲームをするということは、弱い子にレベルを合わせることであり、全体のレベルを下げてしまう。誰であろうとも、新しい境地を目指すクラスの厳しい練習についていかなければいけないのである。つまり、弱い子にはクラスの練習についていける技術や気力を付けてやらなければいけないのだ。それができれば当人も自信と意欲をもてるし、チームのためにもクラスのためにもなるのである。

ア　個人指導

ついていくのがむずかしい子には個人指導をする。ただこのことは、できるかぎり、早く必要がなくなることを目指す。一人で彼らがやっていけるのが目標だからだ。私は良くワンツウマンでキャッチボールをした。弱い子の少なからぬ人たちがそういう指導を受けたことがないようで、これで意外に伸びる。弱い子を無視し、あるいはお客さん扱いして、もし勝ったとしてもそれでどんな意味があろうか。それは教育ではない。私は能率が悪かろうが、時間がかかろうが全員を参加させるため、力をそそいだ。それで負けても仕方がないのである（ただし、そんなことはなかった）。

私が忙しい場合、特訓の係を作る。この係は先生の代理となれるだけの心と技術の持ち主で、とくに指導を受ける子が承認する子でなければならない。そのほかチームの練習のときも弱い子の練習量を多くし、全員でその子の進歩を見守る。そういう努力を続けていくと、うれしいことに必ず成果が出てくるのだ。

「〇〇君がシュートを決めたよ」とか、「△△さんが良いパスをくれた」とか、「□□君がXX君のドリブルをとめたよ」、などの子どもの声を聞くことができるのだ。これがまた教師として喜びの瞬間である。そうなったらしめたものである。本人も周りも自信とやりがいを感じてくる。そして、弱い子を指導するとき教師が、「この子は絶対に強くなる」という信念をもつことが必要である。その信念は、当のその子に、そして周りの子たちに伝染する。そして事実で実証されるのである。長年、球技大会目指して練習してくる中で、それまで、だめと思われていた子が、堂々と、あるいは懸命に活躍するのを毎年目の当たりに見てきた私には「誰でも強くなる」は、今や不動の信念だ。そのうえに勝てれば最高である。もし負けてもその子の伸びたことは資産として残る。

イ　正規の仲間として認める

前にも書いたが、全員を自分たちのパートナーとして認め、信頼し、正規の一員として接することが試合においては必要である。

良くあるパターンは、強い何人かでゲームを行い、残りの子はただいるだけというものである。これでは第一に勝てない。また、勝ったとしても学級を良くし、子どもを育てることにはならない。それには体育以外の学級生活においても、どの子も尊重し、大切にしていく〝風〟がなければならない。これはむずかしいことだ。しかしどうしても必要なのである。いじめるのではもちろんなく、甘やかすのでもない、対等でしかも細かく気を使う、そんなクラスの雰囲気が必要なのである。

4、強い子をどうするか

バスケットボールでもサッカーでもそれが好きでうまい子がいる。そしてそういう子に対する教師の態度が二つあるようだ。強い子とばかり練習したり話したりするタイプ。逆に強い子は放っておいても強いし強くなるという、放っておくタイプ（これは理論的に考えられるタイプで、現実にそういう教師がいるというのではない）。

当然のことだが、両方とも間違っている。強い子ばかりを相手にしていては、弱い子は切り捨てられる。そんな差別的な雰囲気では、チームワークができようはずもなく、成果は上がらない。勝てるチームはできないし、またできても教育として間違っている。弱い子ばかりを相手にするのも同様に間違っている。強く、得意な子にはそれなりに高い目標をあたえ、厳しい練習をさせないといけない。強い子は隣のクラスにも、別の学校にもいるのである。

では、具体的にはどうするか。強い子にはそれを認め、十分に活躍してもらう。ゲームにおいても中心になって働いてもらう。およそどんな組織にも中心になるリーダーがいる。バスケットボールでバスケのうまい子が中心になるのは当然だ。ただ、一人でゲームはできないし、また勝てない。センタープレーヤーの力を十分発揮させるためには、チームメートのサポートが必要である。センタープレーヤーの比重は大きいが、それは唯一でも絶対でもない。これを忘れてはいけない。要するに、強い子をセンタープレーヤーとし、彼を中心として試合を組み立てるのは当然なのである。

これも昔のことだが別のクラスに永井君という背が高く、運動能力の高さで有名な子がいた。その永井君のいるチームと私のクラスのチームが対戦したときのことである。

永井君は何となく自分が〝抜群〟であることに引け目を感じているように見えた。例えば彼のドリブル。迫力のあるそれは誰も止められない。だからそのままシュートすれば良いのにわざわざ後ろの子にパスをする。これは余分なことである。私のクラスのチームは力では劣っていたかもしれないのに勝ってしまった。永井君は引け目など感じないで、思い切り活躍すれば良かったのだ。

付け加えること。あまりセンタープレーヤーに比重をかけすぎてもいけない。どの子もそれになれるようにしておかないといけない。

これは比較的最近のことである。隣のクラスに地区球技大会でたしか三十六対〇というスコアーで勝ったチームがあった。その得点は大部分が大山君というやはり大きくて強い子がとったものである。

ところが、そんな強い子のいない私のクラスのチームが大山君のいるチームに勝ってしまった。私のクラスのチームは大山君がセンタープレーヤーであることを見破り、彼のクセやり方を分析してマークしたのである。後でこのことを聞いた私は子どもたちの頭の良さに舌をまいてしまった。

六、球技大会時の体育の授業

1、授業時間数

さて、子どもが強くなる度合いはボールにさわった回数に比例する。だから授業を効率良くしなければならない。しかし球技大会が近くても体育の授業だけで勝負すべきである。良く朝練と言って始業前に練習させたり、または放課後練習させたりする光景がある。私はそう言うことはしなかったし、すべきでないと思う。子どもたちが「やらせてください」と言ったときには原則として許可はする。その場合にも下校時間はきちんと守らせる。学校の決まりは球技大会よりはるかに大切である。

とにかく私は朝練や残練を強制したことはない（ただし「できる人は○○を練習していきなさい」とか、「できる人は△△君を鍛えてください」と言ったことはある）。決められた時間で練習し、成果を上げてこそ意味もある。他の教科の時間に体育をしたり、課外に練習したりして勝っても仕方がないのだ。

2、授業の要素① 練習でミスは許されない

運動量は前述のように大切だ。ある限界までは倍練習すれば倍うまくなるはずだからだ。だから子どもたちの運動量を増やすようにつねに工夫すべきである。それと同時に運動の質を考えないといけない。同じキャッチボールでも意図をもって、意欲的にするのと、いい加減にするのでは効果が違うのではないか。良く一球入魂と言うが、練習に特にその精神が必要だと思う。というのは大人も子どもも練習というと手を抜きがちだからだ。そして試合ばかりがんばる。これだと試合に勝てないし、授業のありかたとしても間違っている。ものごとを大切に工夫して行う、というのは全ての基礎である。

そこで私の編み出した方法は「練習でミスは許されない」である。例えばキャッチボール。どちらかがボールを取れない。それは取るべきボールが取れなかったか、取れないボールを投げたかのどちらかである。こういうことは原則的に許さない。かと言って、遊んで楽しんでいるというのも許さない。キャッチボールでも少しでも強く、少しでも速く、という思いをもってやらなければ練習の効果が少なくなってしまう。

密度のある練習を繰り返せば、同じ一時間でもいい加減に過ごした一時間より効果

が上がるはずである。それゆえに「練習でミスは許されない」のである。
ここでちょっと場違いな引用をさせていただく。

真の著述家なら誰でも、自分より力強い何者かが彼のペンを導くような創造の瞬間というものをよく知っていた。真の雄弁家なら誰でも、自分より強い何者かが、普段はそうでもないのに、彼の唇から姿を現わす時刻があるのを知っていた。それがまさしく「霊感」というものなのだ。霊感は、あらゆる力をふりしぼったすさまじい創造的緊張から生まれる。無意識なものが、その深い源から湧きあがり、思索の意識的努力をのりこえ、一種の崇高なる統一のうちに同化するのである。

精神的力の緊張は最高度にまで押しつめられると、しばしば個人的活動というものを一切合切のみつくすものである。……。

「寝食を忘れて」という言葉がある。人は寝食を忘れてある事業にうちこむと、おのれが予想した以上の力を——それが肉体的なものであろうと、精神的なものであろうと——現わすことがある。

（『レーニン』四十三ページ、津田道夫、至誠堂）

前にもいくつか書いたように、試合では予想外のことが起こる。そういうとき、監督ともいえる指導教師の私に打つ手はない。子どもたちの奮闘を祈るだけである。例えば予想外の相手のスピード。どうなることかと息を呑む。ところがこちらのチームにも考えられないような事実が出て、それに対応する。しかし相手は強い。やはり駄目かと見守るうちに、何とか勝ってしまう。こんな場合、甲子園での高校野球の勝利した監督が言うように「子どもたちがよくやってくれた」ということになる。ただこのような事実は〝あらゆる力をふりしぼったすさまじい創造的緊張〟に近い集中がないと生まれない。また紙一重の差で勝敗が決することもある。そのためにも練習に集中しないといけない。試合には当たり前だが全力で立ち向かう。そして練習も試合と同じく真剣にする。それで〝練習でミスは許されない〟のだ。逆に試合では油断や手抜きでなければミスは許される。

3、授業の要素② 準備運動・ハチマキ

運動量を多くするためには、無駄な時間を減らさなければならない。そのため、授

業に必要なもの、笛、ストップウオッチ、メモ用紙（星取り表付き）、鉛筆は手提げに入れて、すぐ持ち出せるようにしておく。ボールは休み時間に籠ごと出しておく。

子どもたちの行う準備運動も決めておき、画用紙に書き、覚えさせ、先生が来なくてもしておくようにする。

準備運動は手足の屈伸などは簡単にして、シュート、キャッチボール、ドリブルを準備運動をかねて行う。このようにしておけば、教師が少しぐらい遅くても影響ない。ただし私は遅れなかった。

・ハチマキ

私は、ポケットマネーで子ども用のハチマキを買っておく。六色×七本＝四十二本。これだけあれば十分である。一本百円以上はするが一万円はかからない。バスケットボールをはじめ、チームを結成したときにチームの色を決めハチマキを渡す。子どもはこれを喜ぶし、自分たちで管理もできる。いちいち学校のを借り出したり、返したりする手間と時間を節約するためである。そしてバスケットボールのシーズンが終わったら、洗濯して返してもらう。だんだん色が褪せるが、最低でも五シーズン＝五年は使える。バスケットボール以外でも使えるときがある。

4、授業の要素③　庭全体を使う

授業に際しては、庭全体（体育館全体）を使う。広い所の方が第一に気分が良い。そもそも、少しでも子どもたちが気分の良いようにしてやるのが教師の努めである。次に思い切り練習できる。ぶつかる危険は少ないし、カバーもお互いにできる。試合はコートでしかできないが、練習はコート以外でもできる。キャッチボールでも間隔が空いている方が筋力が付く。

5、授業の記録メモ・星取り表・チーム表・かけ声

球技の場合（実は、それだけではないのだが）通常の指導案の他に、メモ帳を作る。メモ帳と言っても、ただ、Ｂ４のワラ半紙を半分に切ってホチキスで四〜五枚とめただけのものである。

それには、授業の予定、結果、感想や発見など、何でも書く。そして、それを元に、次の授業の予定をたてる。これは、毎日必ず行う。これはしても、しなくても同じ

星取り表

チーム名、主将名（ハチマキの色）	赤	青	ピ	水	黄	白
戸二レッズ—村岡（赤）	＼					
プレアデス—峰岸（青）		＼				
なかよし—山本（ピンク）			＼			
ザ・クイーン—武井（水色）				＼		
タイガーマスク—北田（黄色）					＼	
白百合—吉田（白）						＼

と思えるかもしれない。だが違う。書いておくと忘れたり、抜けたりということを防げる。そういうことがなくても、行うのと、行わないのとでは、どこか違うのである。

そうでなければ、授業のための教材研究は必要ないことになろう。

ア　星取り表・チーム表

最近は誰も作っているようである。私は掲示用の四つ切り画用紙のとメモ用の小さいのと二つ作り、メモ用の方は持ち歩く。

イ　かけ声

私は授業でやたらオーエスだとかイチニイチニだとかエイエイオーだとかかけ声をかけるのが嫌いである。大声で叱咤するのも好まない。理由は簡単でエネルギーがその分減ってしまうからである。エネルギーは試合に備えて蓄えておかねばならない。私から見ると威勢を付けているクラスや大声で叱咤している教師のかなりの部分が意味のない無駄なことをしている。それはともかく、私のクラスは体育では静かに黙々と練習し、試合になると強い、不気味なクラスだったかもしれない。

最後に球技大会が終わったら、子どもたちにはまとめを書いてもらい、私も総括を書く。両方とも、次年度への自分の申し送り事項として取っておく。これは他人が読んでも分かるように書く。そうしておかないと、後で自分が読んでも分からない。

6、授業のはじめに――チームづくり

バスケットボールに入ったはじめの日に庭でチームを結成する。最初に男女の主将をチームの数だけ選ぶ。これは大事だ。「この人ならついていける」そういう子を選ばせる。これは庭に出る前に決めておく。このことにはリーダーを育てるという意味もある。人望があって、バスケットのうまい子が普通はなる。時には私の予想と違う子が選ばれることもあるが、子どもたちを信じてそのとおりにする。

次に主将が選ぶか主将が選ばれるかして、男女それぞれ二〜四人のグループをチーム数だけ作り、組み合わせてチームが完成する。当然、力が同じと全員が認めるよう調整する。これを学級経営に役立てたいと内心思っている、私も意見を言う。

最後に男女どちらかの主将がチームの主将となってチームづくりは終わり。男子が多かったが、毎年、女子の主将もいた。

掲示用のチーム名簿

なかよし（ピンク）

	試合の係	見学・準備の係
◎山本勝	フォワード	審判
○白沢幸江	フォワード	計時
遠藤仁	フォワード	得点
木山晴美	ガード	ハチマキ
矢野博	ガード	得点
和田恵子	シュート	ボール

（ガードだからと言って試合でガードばかりしているわけではない）

こうしてチームが決まったら、原則としてチーム替えはしない。チームワークはそんなに簡単にできるものではないからである。チームワークができないようでは球技大会に取り組む意味がなくなる。

7、授業での練習方法

練習の方法は各指導者が自分で考えるべきことである。私もいくつかの練習方法を考案した。バスケットボールの本やテレビで見た試合も参考にした。最も大切なことはそのときどきの子どもにあっているかどうかである。よく言われるように、子どもの実態にあっていなければ、受け付けられないし、子どもを強くすることもない。

以下にいくつか述べるのは私のやり方が比較的良く表れているものである。

・シュートの練習

ボールの授業はまずシュートから行う。ゲームはシュートをするためにしているのである。子どもはシュートの練習が好きだし、実際、シュートの練習は結果がすぐに出て面白い。

チームごとの練習が終わったら、チーム対抗戦を行う。それは一人五本とか十本とか決めておいて、チームの合計または平均を取って順位を付ける。その場合やり直しはなし。また時間を決めてチームで何本入るか競う場合もある。このときも全員が同じ回数を行う。こういう練習方法は出発点で述べたように、集中させるためと遊ばせないためである。

さらにそれぞれの役割を自覚させるため、代表戦も行う。代表戦とはシュートだったらシューターが、各チームから出て同じ本数投げ、何本決まるか競うのである。ランニングシュートなども同じように行う。

パスの練習の一つもリレーである。各チーム二人組みを三つ作っておく。そしてコートの真ん中に二本ラインを引いておく（コートでなくてもできる）。そのラインの内側には入れない。そこで各チーム二人組みでパスをしてコートを往復するリレーをする。もちろんトラベリングはいけない。ボールが転がったらそこからやり直し。バスケットのツウメンダッシュに似ている。

ドリブルの場合もドリブルリレーでいく。ドリブルでの代表戦は大体主将対決となるがそうでない場合もある。その他、必要に応じていろいろな練習方法を工夫した。個人練習、チーム練習のとき、後にチーム対決があるから皆、真剣である。

六、最後に

以上、書いたことは誰もしている普通のことかもしれない。ところが、これを「ずいぶん凝っている」などと言う人がいる。しかし、凝る＝そればかりに打ち込むというのは表現が間違っている。言うのなら「熱心だ」と言ってもらいたい。子どもたちのため全力をつくすのは、教師として当然のことである。それに私は他の行事も、また授業でも、球技大会程度の工夫や準備はする。

さて球技大会に戻って、以下のことを注意しなければならない。それは、学級が駄目だったら、何をしても駄目だということである。あるときの五年生がそうだった。私のせいもあって学級は暗く荒れていた。そのとき、我がクラスは久しぶりに球技大会で敗れたのだった。ではそのとき、球技の練習をしなかったかというと、例年以上にやったのである。良いクラスだからと言って、必ずしも勝てはしない。勝負は水物だ。しかし、まず良いクラスは基本方針として必要と思う。

自慢となって恐縮だが、我がクラスは五年で敗れても、六年ではいつも勝っている。

その理由について私自身は、それこそ「熱心に」一時間、一時間の授業の教材研究を毎日行い、一応の学級を作ったせいだと思っている。それが当たっているかどうかは不明である。しかし、良い学級を作らないとすべて駄目というのは私の実感である。

さらに、教師の努力には子どもは必ず応える。他の先生方と同じように、子どもの笑顔が、子どもの凛々しい姿が見たくて、私も今まで仕事をしてきた。それ以外に教師のやりがいなどあるはずがないのである。

4 伝わったいくつかのこと
――公害――水俣病の授業を終わっての感想文（五年・社会）

水俣病はずいぶん昔のことのように思われるが、最近の新聞にもよく出てきている。（例―平成十七年八月三十一日朝日新聞）完全に過去のことではない。以下は授業の記録でなく、授業直後に子どもたちに書いてもらった感想文である。五年の社会に工業のさかんな地域と公害という単元がありそこで行った授業である。

この授業では直接の目標以外に私には別の目標があった。それはその少し前に行った国語の研究授業で、私の意図や解釈が全く伝わらず大きなショックを受けたことである。そうしたショックをひきずっていた頃、社会の授業をするため水俣病の教材研究をした。教科書、指導書の次は、岩波新書の原田正純氏著『水俣病』。その他何冊かの本や写真集などを読んだ。それでいくつかびっくりするようなことを知った。テレビや新聞で大体のことは知っているつもりだった。しかしそれが全く違うことに気が付いた。この大体というのが本当に良くない。大体では真に知っていることにならないのだ。

まず水俣病にかかった人の苦難の程度。一般的にたいへんなどというレベルではなかった。まさに想像を絶するという言葉がぴったりだった。次に公害を起こした企業やその経営者の悪辣と言うか下劣と言うかの対応。これも想像を絶した。それと熊本大学医学部をはじめとする人や団体の、戦いとも言える水俣病への追求。これも大変などというものではなかった。熊本大学医学部などの尋常でない努力がなかったら水俣病や患者をめぐる展開はまた全然違うことになったのではないか、と思われる。これに反してチッソの排水のせいではない、という学者の存在。それに拠る企業。そのうえ、他の公害の事例もこれらのことが驚くほど似通っているということ。それでこれを五年の社会の授業で子どもたちにぶつけてみようと思った。

以下の感想文を読んでいただければ分かるように、今回は私の意図や解釈は十分に伝わった。もちろん文のなかには伝わっていないと思われるものも、また誤解していると思われるものもある。でもそれは少ない。さらに表現する力や語彙の不足も気になる。でもこのときは大勢として私のものが伝わっただけで十分満足し、ショックからかなりの程度脱却できたのだった。

もちろん問題もある。これを見せた友人たちには「死刑、死刑とこんなに簡単に何回も言って良いのか」とか、「公害も水俣病もこんなに単純な問題ではない。そう単純でない、ということを教えるか考えさせるかしなければ公害や水俣病の授業と言えないのではないか」などの意見をもらった。これら、とくに後の方の意見には私自身もそう思っている。ただ一時間の授業でそれを実現するのはむずかしい。したがって、単元全体の目標として意見のようなものをもち、その一部としてこの授業を位置ずけると良いのではないかと今考えている。

なお、この感想文を前記『水俣病』の著者原田正純氏に送った。原田氏からはサイン入りの新書の『水俣病』と次の文が同封されていた。


前略、大変ありがとうございました。私が本を書いた目的はやはり先生方みたいな方に読んでいただくためです。本当にありがとうございました。子どもたちの素直な意見が大変面白うございました。環境問題は子どもたちの未来にかかわる問題ですので私たち自身もっと真剣に考えなければならないと考えています。

また、頑張ってください。とりあえずお礼まで。原田正純。

一、授業を終わっての感想文

◇二谷和子

水俣病とは本当にこわい病気だ。それにたいへんな病気だ。多くの人が苦しみ、やがて死んでいく。がんより恐ろしいと私は思う。がんはちゃんと原因があるが昭和二十年代水俣病の原因はわからなかったのだから。昭和二十年代は戦争が終わってまだ間もない。豊かなくらしの人よりも貧しい人の方が多い。かん者はそういう貧しいくらしのなかで原因不明の病気とたたかっていた。そして熊本大学医学部の人達も原因をつきとめようと必死にがんばっていた。なのに原因の元窒素（新日本窒素肥料株式会社水俣工場、以下同じ）の社長たちは何をしていたのだろうか。かん者が死んでいくのはおかまいなしに廃水を流し続けていたのだ。この社長には良心がないのだろうか。もっとはやく窒素が原因を出していると認めれば何百人何千人とまではかん者は出なかったのに。それによくうそやへりくつをいい続けてきたものだ。こんなうそはいったい誰が考えたのだろう。私は社長だと思う。こんな社長の顔はどんなのだろう。裁判でかん者が勝ったとしてもそれだけでは気がすまない。いっそこの社長を死刑にしてもいい。何十年間にわたってかん者を苦しめてきたのだから悪くないと思った。

◇多田正夫

新日本窒素株式会社水俣工場の全員がにくたらしい。自分の罪をかくしていろいろなずるいしょうこをだしたところがとくににくたらしい。廃水浄化装置などぜんぜん役に立たない物を四億円もかけてよくつくるきになると思った。そんな物をつくるなら本物をつくればいいと思う。第一自分が水俣病になったらどういうことになるかをしらないから平気できたない水を出していると思う。熊本大学医学部が一生懸命努力しているのによく平気だと思う。しかし工場の立場や水俣病になっていない人の気持ちだとその市の五分の一の人が働いているから工場がなくなると困るということもあった。でもやはり水俣病になった人の方がかわいそうだと思う。その後裁判があり、工場がお金を何千万と払うということになったが水俣病になって死んだ人や、今かかっている人にとって金ですむ問題ではないと思います。

◇林田昌美

水俣病の人の写真を見たとき私は笑ってしまった。どうしてかは私もわからない。私は水俣病を習っていって笑ったことをものすごくはじています。水俣病というのはものすごくこわい病気です。手が不自由になったり、運動ができなくなったり。私たちはならないと思います。それは近くに大きな工場もないし、海もないから。水俣病になった人はみんなからへんな目でみられて苦しんで、それに十年以上ねている人や死んでしまった人もいる。親や兄弟までもへんな目で見られてしまう。私もへんな目で見てしまうかもしれない。生まれたときから不自由な人、魚をたべてなった人、その他の理由でなった人もいるかもしれない。魚にメチル水銀というものが入っていたからなってしまった。メチル水銀はある工場からでた水に入っていた。それを発表したがその会社はうそだといって取り合ってくれなかったが、大学の医学部の人は負けずに調べ、おかしいといった。それはあり得ないといった、会社の社長はふつうの水を飲んで平気だといい、かん者の出した水は飲まなかった。そのかん者はりこうだと思った。

◇椎橋広子

窒素の社長はずるいと思う。だって廃水の水といっておいて本当はちがうふつうの水を飲んでいる。ふつうの水だったら誰も水俣病になんかならない。工場は有機水銀をふくんだ廃水なんか水俣湾にたれながさなければ誰も水俣病になんかならなかった。窒素の社長は自分が水俣病になりたくないからふつうの水を飲んだ。ずるい。工場の人が水俣病になったときでもこんなずるいことができるのだろうか。

◇太田綾子

水俣病にかかったのは水俣湾の魚をたべ続けたからだ。だから魚をやめればいい。私はそんなことになったらすぐにやめちゃう。水俣の人たちはがんばりやさんだと思った。

◇中野憲二

水俣病というのはなったらぜったいしななければならないのかな。工場のひとは自分が水俣病になったらどうするのだろう。工場の廃水が原因ならそれは人々を病気にしているようなものだ。

◇鈴木貴夫

窒素から出ている廃水が原因なのに窒素はかん者にばいしょう金を払わなかった。また熊本大学医学部にうそをついていたから水俣病の原因がわからなかった。二十年もかかってやっと窒素の廃水のせいとわかった。

みまい金が死んだ人には三十万円。いっぱい金があるのにたった三十万円。せめて一人百万円ぐらいやってもいいと思う。

窒素は廃水を水俣湾にすて、魚介がそれを食べ、それを漁民が食べて水俣病になったのに、窒素は九年間もうそをいい続けてきたがやっと結果が出た。新日本窒素株式会社水俣工場は知ってたくせにうそをいい続けてずうずうしい。「水俣病にかかって死んだ人がかわいそうだと思わないのか」と思うとにくたらしくなる。
◇川原広子
水俣病になった人はかわいそうだと思ったけど魚がきらいで食べなかった人はよかった。それにしても水俣病のことを研究していた人はたいへんだと思った。窒素の社長は廃水を飲むといってただの水を飲んだからずるいと思った。工場の廃水のせいで水俣病になった人がたくさん死んでいた。それをお金をはらうといっても死んだ人はもどってはこない。
◇吉原純子
水俣病はおそろしい病気だと思った。なおる薬があればいいと思った。小さい子もかかって死んでかわいそう。

◇高田武

工場の廃水は水銀とかでいっぱいなのだろうか。また水俣病になった人はぜったいに助からないのだろうか。有機水銀にはどうしてのうをくるわせたりするはたらきがあるのだろうか。

◇河田道代

水俣病はこわいなあと思った。自分がなったらいやだ。足がうごかなくなったり、言葉がいえなくなったり、目がみえなくなったり。とくにいやだと思ったのは手がガリガリになったり、物をつかめなくなったり、すること。水俣病になった人がかわいそうな気がする。

◇山内昭子

廃水が原因でないといった先生は多分窒素からお金をもらってでたらめなことをいったと思うけど、どうしてそんなえらい先生なのに乗せられちゃったのか。

窒素が浄化装置を作ったのはいいけど、四億円もかかったのに不完全だった。不完全なのを作っても何にもならない。それなら病人にそのお金をあげればいいと思った。

窒素の社長は廃水を飲むといってふつうの水をのんで新聞にのったけど、水俣病にかかった人には廃水を飲ませてずるいと思う。

窒素が内部の者以外中は見せない、といったとき、熊本大学の人が窒素につとめて仕事をしながらよく中を見てそれからやめればいいと思った。

◇佐藤光

ぼくは最初水俣病を聞いたとき教科書ではあまりおおげさに書いてなかったからすごい病気とは思わなかった。それに水俣病の原因をつきとめるのに窒素とのたたかいで大変だったのにそれも教科書ではあまり書いてない。

ぼくはこの話で一番頭にきたのは、窒素の社長がなかなか自分の罪をみとめず、その間にずいぶんの人が死んだこと。先生の見せてくれた写真を見たときは、社長のことが頭にきて頭にきてどうしようもなかった。自分たちの廃水のせいだとわかっていたのだから、さっさとみとめれば何百人という人が命を落とさずにすんだのに。なのにぬくぬくと生きているなんて。

熊本大学はよくやったと思う。みんなが信用しなかったのによくがんばった。いろいろな大学に金などやって社長は血も涙もないやつだ。最後に窒素の工場から水銀がみつかったときぼくはやったと思った。しかし窒素は裁判を長引かせた。人の弱みにつけこんで。でも最後には勝ったからよかった。正しい者は勝つ。

◇大石昌子

なんで水俣病のひとはみな指とかが曲がっているのか不思議に思った。水俣病になっていく人がふえてきて人々が工場にこうぎしたら工場は出していないといった。うそつきだと思う。

◇峯田貴行

人々が死んだとき葬式のお金が2万円では葬式ができない。いろんな学者がきて工場にもっとやれ、というのがわからない。水俣病になった人はもうならないからかわいそうだった。

◇大島謙治

窒素の工場の人達は自分がよければ人はどうでもいいと思っている。水俣病になった人がかわいそうだと思う。四億円もつかって廃水浄化装置を作っても何の役にもたたなかったからその四億円を病気の人にあげればいいと思う。この工場の社長は廃水が水俣病の原因ということは知っていたのに、そのことをいわずにかくしていたから死刑にするといいと思う。水俣病で死んだとき三十万円はすごくやすいと思う。本当は人の命はお金ではかえられない。三十万円はやすいと思った。廃水のせいではないといった大学の人達はお金をもらってたのまれたと思う。でなければえらいのにくさった魚をたべたから水俣病になった、などといわないと思う。

◇荒井尚二

ぼくはこの話で最初かわいそうとだけしか思いませんでした。でも写真をみたときだんだん水俣病というのはおそろしいと知りました。ぼくはかん者がたくさん出る前にふせげなかったのか、と思いました。一番悪いのは窒素の社長だと思います。自分の会社の廃水からでたのが原因だとわかっていながらうそばかりついて頭にきた。はやくしょうこをみつけてほしかった。

◇秋田英雄

窒素の社長は悪くてずるいやつだと思う。工場からでた廃水だといってきれいな水を飲むなんて。だからずるいやつだと思う。

◇奥井菜穂

はじめ水俣病のことを聞いたとき本当にそんな病気があるのか、と思った。そして写真を見て本当になった人がいたからかわいそうだと思った。

◇山本りか

工場が廃水をながしたから水俣病が発生したのにはじめ工場が悪いとされなかったり、人々が工場の味方をしたりしたのはなぜだろう、と思った。水俣病になった人達がかわいそうだ。

工場の方では発生の原因がわかっていたのになぜやめなかったのかな。それにたくさんのお金を使って役にたたない廃水浄化装置なんか作ったってしょうがないのに。社長が一番いやだ。ただの水を飲んだり、本当にずるい。それに対して熊本大学医学部の人達はいい人ばかりだ。

◇原新一

新日本窒素肥料株式会社水俣工場の全員がにくたらしいと思った。それは新日本窒素肥料株式会社水俣工場の廃水に有機水銀がまじっていてそれを海に流してしまっているのに工場のせいではないとか魚をたべたせいではないとかいったのがにくらしい。

漁業をしている人もかわいそうだと思う。魚をとって売ることが商売なのに魚がとれないと生活が困ると思う。水俣病にかかっている人で医者に見せようとしてもお金のない人もいるから見せられなくてかわいそうだと思う。
◇萩原秋子
水俣病はたいへんな病気で魚でなる。水俣病は口が動かなくなったり、手が曲がったまんまだったり、十年以上もふとんに寝たきりだったりの人がいる。魚を食べるとだんだん手足が動かなくなり水俣病になる。水俣病の人は貧乏でも働けない。水俣病になった人はみな魚を食べていた。

医者の先生でもはじめは水俣病とわからずアルコール中毒や日本脳炎などと診断したけれども病原菌が見つからないので奇病といわれました。医者は「栄養のあるものを食べなさい」というから入院している人は栄養のある魚を食べていた。でもその魚が原因である。町でもふつうの人達が集会をして窒素を守れ、とか水俣を守れとか言い出した。でも熊本大学医学部の人はいろいろな実験をしてやっと水銀とわかったよかった。
◇速水勝
窒素の社長は会社の廃水だといってふつうの水を飲んだので悪いやつだと思った。
◇松井優

海のどこから水俣病の毒がでてくるんだろう。研究とかで動物を使うのはかわいそう。でも人々のためにやるんだからしょうがないのかなあ。

◇伊藤恵

水俣病にかかった人はかわいそう。かかった人ははじめ原因がわからなかった。水俣湾の魚を食べ続けた人もいた。魚も水俣病の原因だった。魚がきらいな人は水俣病にかかりにくいからいいなと思った。

会社の社長はずるい人だ。廃水を飲まないといけないのに、自分の会社から水俣病がおこっているのに、自分の会社がつぶれないようにしようと思い、ただの水を飲み、みなをごまかしている。ずうずうしい人だと思った。水俣病にかかった人がかわいそうだと思わないのかと思う。その工場のおかげでまだまだ水俣病にかかる人がでてくるかも知れないのに。そんな工場、すぐにつぶしてしまえばいいのにと思った。

◇佐川伸恵

水俣病になった人がかわいそう。手が曲がって。体が動かなくなったり。最初「あ、なんだ、この人きもち悪い」と思った。でも今はとてもかわいそうと思う。工場がいけないんだ。

私は熊本大学の研究の人はとてもえらいなあ、と思った。だってお金とかがないのに自分で出して。とてもえらいと思った。

工場の人達はとてもにくたらしい。だって廃水の水をとらせてくれない。とらせてくれないのは廃水が水俣病に関係あると思って自信がないからじゃないかと思った。そうじゃないと思ったらとらせてあげてもいい。

みな魚を食べて病気になって医者に行ったらアルコール中毒とか日本脳炎とかいわれた。医者が「もっと栄養をつけなさい」といって栄養のあるものといったら魚ぐらいしかないからみな魚を知らずにいっぱい食べた。それを聞くと毒を飲むのと同じじゃないかと思う。

◇桜井直美

医者の人がねこのことをかいぼうして、しょうこを作ったのに工場の人がねこをとっちゃったからずうずうしいなと思った。

◇栗原裕二

窒素の社長は廃水を飲まないで、ふつうの水を飲んでいうなんてにくたらしい。医者の人にうそをつくなんてにくたらしいと思った。

◇中田勝実

①窒素の工場の社長はどういうずぶとい神経をしているのだろう。廃水浄化装置の水を飲んでだいじょうぶといったときみな安心しただろう。だが不完全と聞いたとき頭にきた。

②見舞金が死者三十万、病人に一りつ十万というのは少ない。子ども三万というのは不当だ。命とひきかえで三十万は安すぎる。

③マッカルパインは名医だと思う。

④工場の内部は会社の秘密だというところであやしいと思った。

⑤熊本大学こそ本当の医者だと思う。

◇香川正行

工場から流れでる水のせいで水俣病になる人が出てくるのに、また、工場はねこを使った実験で知っているのにかくしておいてきたない、と思う。

工場の社長は工場から流れでる水を飲んだといろいろな人をだましてきたない。マッカルパインのいったことを信じればよかったのに、どうして信じなかったのかわからない。ある人は窒素にお金をもらって工場の廃水のせいではなくくさった魚のせいだとでたらめをいってみなをごまかした。社長はよくいろいろないいわけをしてよくごまかした。

◇小山知也

水俣病の有機水銀をだした窒素のごまかした人は人の命をどう思っているんだろうと思った。それはねこに食べさせて窒素から出ているとわかっているのにごまかし続けて、また多くの人が死ぬのを見ていて何も思わなかったのかと思う。ぼくにいわせるとごまかした人は人間ではないと思う。それに死者に三十万円なんてやすすぎると思うし、人間の命を金にかえるなんて本当にますます人間だとは思えない。

水俣市の人々は東京の大学だからって頭がいいと思っているが研究に研究を重ねた熊本大の方がよっぽどすぐれているとぼくは思う。

最後に裁判長はお金をはらわせてすましたけれどぼくだったら死刑にする。

◇山本昭明

新日本窒素水俣工場の人はきたない、と思った。

それはなぜかというと工場から有機水銀を海にすて、それを飲んだ貝や魚を食べて水俣病になった人がとてもかわいそうだから。町を歩いているとしんせきや知り合いの人でもにげていってしまい、店でも品物をうってくれない。工場にうったえたら、しょうこもないのにいったというので水俣病のかん者をろうやに入れさせるなどきたなくてきたなくてあきれるほどきたない。窒素の人は工場の内部をぜんぜん見せてくれなかったのに熊本大学医学部の人はよく調べられたと思う。そして排水浄化装置をつけたけどそれは見せかけ、社長が排水を飲んだといってそれはうそでただのみずだったなんてきたない。

それで裁判になったときそんがいばいしょうにしないで社長と、窒素のせいではないといった学者を死刑にし、ほかの工場の人をちょう役にすればいいと思う。

（昭和五十五～五十六年）

二、授業の主な流れ

1　本時の目標 ―― 水俣病の発生や発見、その後の経過の事実をもとに公害を考えさせる。

2　流れ

①水保病というのはどういう病気か写真やビデオから概要を知る。
②水俣病の発生や発見、その後の経過について知る。
ア　原因の追求と熊本大学医学部などの活動
イ　原因である排水を出していた企業の態度
ウ　患者たちの様子
エ　水俣市民や地域の人達の態度
③企業や市民の態度について考える。

5 心を一つにする歌声
――三部合唱「流浪の民」に取り組む（六年・音楽）

一、あこがれ

私が教員になって六年目、三十歳を過ぎたころ、ある研究会――教科研教授学部会で小学生がヨハン・シュトラウスの「美しく青きドナウ」をそれこそ美しく合唱したテープを聴いた。小学生が歌うだけでも驚くのに、それがすばらしくうまいのだからさらにびっくりした。「美しく青きドナウ」のような曲はウイーン少年合唱団とか、特別な学校の子どもが歌うので普通の学校の子どもの歌うものではない、と私は思っていた。だから聴いても自分とは無縁な別世界の出来事だった。

だがそれから三年後に私は表題の「流浪の民」を担任した六年生に、さらに十一年後、同じく担任した六年生に学年の発表ではあるが、三部合唱で「ハレルヤコーラス」を、翌年には同じく五年の自分の学級でついに！　三部合唱で「美しく青きドナウ」を歌わせることができた。そして、その過程は子どもを教えるということへの私の一つの開眼の道であった。それはどのようなものであったか。以下、私の合唱への取り組みの記録である。

二、合唱との出合い——四学年での音楽練習

実は「美しく青きドナウ」にびっくりする二年前（正確には昭和四十四年度の三学期）私は同じ学年の先生と共にある経験をしたのであった。この年、勤務校では体育館の新築を祝って学芸会が行われ私たちが教えた四年も歌と合奏を発表した。このいわばありふれた何の変哲もない行事が、私に子どもたちの歌の魅力、仲間とそして子どもと一つのことを目指して努力する行事の良さ、大きく言えば教育という仕事の良さ、すばらしさを教えてくれたのだった。これ以後の私の教師としての仕事は、一つにはこのときの体験をもう一度したいと願って続けられたのであった。私はこのとき

の記録を教育委員会の月報（今の市の教育抄覧）に発表しているので、それをここにそのまま掲載する。

◆資料

四学年の音楽練習

はじめに

私たち四年担任は、校舎落成記念の学芸会で合唱と合奏とを子ども全員にやらせることに決定した。もちろん子どもたちに大合唱や大合奏の感動を味わわせようというのが目的である。したがって私たち四人の担任は、このことに関しては基本的に同一歩調をとる必要があった。ここではその過程で私の体験したことを書こうと思う。「校舎落成記念行事」といったものに対する私の解釈や、またそれが行われるまでの経過については、紙数の関係で省略する。

1、ショック

○○小でもまとまっている学年といわれる私たち四人の四年担任は、誰でもするように、目的を達成するため、音楽の先生などにも協力してもらって曲目や練習方法について話し合った。そして練習がはじまった。

私は子どもたち全員に歌わせ、演奏させること、すなわち全員をステージに上げることは、選手や代表だけしか出ないようなものより意味があると思っていた。また学年のクラス間の子どもの交流が少ない今日、同じ曲を全員で合唱（合奏）させることによって他のクラスの子とも、同じ学年だという意識が少しは生まれるだろうと考え、それだけでも良いと思っていた。

一回目か二回目かの合同練習のあとの学年の反省会で、私にとってのある事件が起こった。そのとき私は「ステージでの生徒の並び方や、楽器の置き場所を決めなくては……」と言った。この提案はFさんによって言下に否定された。「そんなことは何回も練習しているうちに自然に決まってくる」私が大ショックを受けたのはこの瞬間だった。断っておくが、私はFさんの「言い方」などにショックを受けたのではない。私たちの間柄はこの程度の「言い方」などが問題になったり、あとまで尾を引いたりするような薄っぺらなものではなかった。

私がショックを受けたのは、そのとき私の提案にひそむ形式主義に気づいたからである。

私は従来形式主義に反対だった。大嫌いだと思っていた。だが事実や本質よりも形式を重視するのが形式主義だとすれば、私の提案こそ明白にそうであった。なぜならば、音楽発表や練習の目的すなわち本質は、子どもたちに音楽的な感動を体験させることだったからだ。そういう本質を追求するうちに形は自然に決まってくる。したがって練習をはじめたばかりのこの段階では私は子どもたちの音楽を良くするということについて意見を出すべきだったのだ。そうしないで「形」のことを言ったのは、一通り、通り一遍にしようという、これこそ、まごうかたなき形式主義が私のどこかに潜んでいたからなのだ。私は大ショックを受けた。形式主義に反対してやまない私の内部に形式主義があろうとは。しかもそんなあたりまえのことに気づかないとは。

次の合同練習のとき、私の視線は見るともなくFさんのほうへいった。そこで私はFさんの「何が何でも子どもの歌を良くしないではおかない」といったすさまじい気迫に気づいた。指揮のとき、彼は形や振りなどを構っていなかった。聞くとき、彼は子どもと歌以外は見ても聞いてもいないかのようだった。話し合いのときの彼の意見はそうした背景があったから迫力があった。

2、私の変化

話し合いで私はFさんに一本取られた上に、そうした姿を見た以上、私も真剣にならないわけにはいかなかった。それからは私も能力の範囲で掛け値なしに真剣に取り組むようになった。これは明白な変化であった。それまでもデタラメをしていたわけではもちろんない。しかしその後は私も聞くときには全神経を集中して聞き、また良くする方法をない知恵を振り絞って考えた。また練習の合間の話し合いや、あとで行われる反省会で、適当なあいづちを打ったり、知ったかぶりの理屈を言ったりすることはなくなった。

そのころ全員が皆同じ状態になっていたようだった、私たち四人は子どもの歌を合奏を、何とかして高めたいと願った。「良くなりましたね」「そうですね」などと言ってたのでは子どもの音楽を良くすることはできないのだ。話し合いでも、それぞれが自分で発見したこと、本当に知っていることしか言わなくなった。

またつまらない遠慮や気兼ねは、より一層姿を消していったが反対に具体的なたわり合いや協力の密度はなお濃くなっていった。四人で力を合わせて、大きな重い石を動かすのにも似た感じのこのとき、私は一緒に石を押している三人の先生方が本当にたのもしかった。Fさんの気迫はもちろんのこと、Tさんの経験から出るものや、Uさんの真面目さなどを力強く思った。練習は毎日少しの時間だったが、懸命に続けられた。

3、本番での結果

本番では四人が交代で指揮したが、そのどれもが今までで最高の出来だった。四人ともそう感じた。先生方からも次のような言葉を聞くことができた。

「四年のはすばらしかった」「子どもたちが四年と同じ歌を練習しようと言ったので、さっそく練習してみた」「四年の先生が協力していることが良く分かった」また父兄も「子どもたちの歌を聞き、姿を見て胸がジーンとした」「子どもが生き生きとしていた」「迫力があった」等々言ってくれた。

子どもたちが私たちの非力な、しかし真剣な努力に、懸命に応えてくれたのだった。その日の子どもたちは立派だった。整列も入退場も全然手がかからなかった。顔を、胸を、身体全体を動かしながら、心を一つにして全力で歌う子どもたちが、私は本当にかわいかった。いとおしいとさえ思った。指揮台に上ったとき、私は子どもたちの「歌わんかな」の気迫に満ちた百六十のまなざしの圧力で、台から落ちそうな感じだった。そして四人全員、そう感じていた。

4、反省会で

私たちは子どもの音楽が、音楽として見たとき、いうほどのものでないことは十分承知している。しかし子どもたちをわずかながら高められたとも思った。子どもをほめてくれた人の中にも、お世辞を言った人もいるかもしれない。

本番の終わった日、我々は西川口で八時まで反省会兼慰労会をした。そこで今まで書いたことの他に、次のようなことを四人で確認した。

① 理屈では知っていた協力の良さが今まで以上に実感として分かったこと。

② 子どもは教師を裏切らないということを心から感じたことから、教師の生き

甲斐についても少し変わったような気がすること。

③　あらゆる意味でまだまだ我々は一歩踏み出しただけだということ。

④　学校の教師全員が、またすべての教師が、子どもたちをよくしたいという強い願いでガッチリと結ばれたら、どんなにすばらしいだろうかということ。

1、記録の意味　その一

その体験は今整理すると「子どもたちが、私たちの非力な、しかし真剣な努力に懸命に応えてくれたのだった」ことへの感慨というか感動があった。それは本当にジーンとくるものだった。たくさんの人が注目する晴れの舞台で発表する子どもたち。それを成功させようと力を尽くす我々教師。そして当日、子どもたちが堂々とあるいは懸命に発表し、期待どおりの、あるいは予期以上の成功をする。そのときの我々のうれしさと充実感。それは苦労が報われた最高の瞬間であり、疲れが快く感じられるときでもある。当たり前のこの体験が教師としての私の〝原体験〟であった。

それまでも行事が終わると、充実感を味わい、満足感もあった。しかしこのときのそれは質的に違っていた。なぜなのかは明確に言えない。ただ、苦心や努力が大きければそして達成が大きければばそれだけ、充実感や満足感も大きいのではないか、という気がする。逆に「子どもが応え」ないと、つまり成功しないと、全てが無になって、疲労だけが重く残ることになる。成功とは子どもたちが頑張ること。今流に言うと〝のる〟こと、そしてそれに見合った客観的な達成をすることである。行事で一生懸命でない教師も子どももいない。しかし学級あるいは学年という集団として、まず自分自身に対して、そして他の人に、もてる力を十分発揮したという感じを与え、認められる内容を発表するのは簡単でないのである。

一つ言いたいのは、子どもが力を発揮したというのは、客観的な事実であるということである。それは普遍性をもっていて見方によって異なるというようなものではない。

記録に戻って述べよう。前述したように、我々の学年の発表は多くの賞賛を受けた。それはありがたくうれしかった。けれども子どもたちの結束した、迫力のある歌に接したときの感動に比べたら付録みたいなものだった。仮に見ていた人達にそれほど認められなくても我々の感動は変わらず、それは消えることなく心と記憶に焼き付いたであろう。

2、記録の意味　その二

もう一つはチームとして全力でことに当たることの充実感とうれしさ。当時の我々には歌と合奏という、具体的な生きた目標が毎日あって強く我々を結び付けていた。他の四年担任は心からの同士であり仲間だった。良く言われる人間関係の力である。ただ、それを目的として、本当のことは言わないで、傷付かないように心を配るというのとは違っていた。我々には人間関係の前に子どもの歌と合奏があった。そのためには何でも言い合った。だが、逆にそうだからこそ、お互いに気を使い合った。つまりこの時期、子どもたちと我々担任教師、そして教師相互に音楽を媒介にした強い結合があったのである。

練習をはじめてしばらく経ったとき、「四年の練習は子どもたちがしっかりしていて立派だ。自分たちの学年の子どもたちに見せて指導したいので子ども共々一時間参観させてほしい」と言われたことがあった。もちろん「どうぞ」といって体育館の後ろで参観してもらった。しかし時間の途中からは我々は後ろで参観してもらっていることを忘れてしまった。これは我々が練習に集中した結果出てきた事実で、記録にはスペースの関係で書けず、残念だったのを覚えている。

余談を一つ。記録には書かなかったが、一部に反発もあった。一つは「四年は歌がうまいとか子どもが良いとかとのぼせている」という人がいたのと、もう一つは「あの体の動かし方はデモと同じだ」と憤激したかのように言う人がいたことである。

前者は私には言った当人がいじけていることがはっきりと分かった。私たち四年担任が前に書いたように発表後、満足し、充実感をもったのは事実である。しかしそれは基本的に私たちと子どもたちとのことであって他の人には直接は関係ないことだった。逆に他の学年の先生たちにも明るく接することができたということはあったが、少しものぼせてなどいなかった。第一、のぼせるはずがなかった。しかしそれがまた言った人には癪の種らしいのでどうにもならなかった。

後者の人のは言い方がすごい勢いだった（そのとき、子どもたちは全身でリズムを取りながら歌った）。これにもびっくりした。「デモと同じ」については、いろいろな感想があるものだと思った。それにしてもなぜ、それほど憤激？　するのか分からなかった。しかしこのような反発も、我々の学年の音楽が何かを持っていたからこそ、出てきたと考えることもできる。

3、記録のあと

この音楽会以後、いつも音楽会の時期になると、その再現を願い、行動し取り組んだ。しかし続く何年かには、その実現がなかなかむずかしいことを思い知らされた。はるか後日にはこの体験を毎年のようにできたときもあった。できないのは何が不足だったのかはいろいろ考えられる。とにかくかなりの期間この四年生のときのようなことは希有のことに思われたことだった。今思っても、そう簡単にできることではなかったのだ。

三、「流浪の民」の取り組み

1、はじめに

前述のごとく、私ははるか後年、校内の音楽会において三部合唱でシュトラウスの「美しく青きドナウ」を、同じくヘンデルの「ハレルヤコーラス」を担任した五、六年生に教え、発表することができた。

しかし、私の大曲への取り組みの原型は、実は当たり前だが、最初の「流浪の民」にある。「流浪の民」と「美しく青きドナウ」や「ハレルヤコーラス」の関係は、飛行機の処女飛行に例えるなら、離陸と飛行の関係になると思う。離陸できれば飛行はできる。離陸するまでが不安に満ち大変なのだ。「流浪の民」に成功したとき私は時間はかかるが、「美しく青きドナウ」もいつかはできると予感した。以下、「流浪の民」の取り組みを詳述する理由である。別の理由には記録が残っていること、ドナウやハレルヤは、当時の私の勤務校が、学校を挙げて合唱や表現に取り組んでいて(私も中心の一人だったとは思うが)、私個人の記録として書くのは少しひっかかるからである。

2、迷いと決意と準備と

「流浪の民」はドイツの有名な作曲家シューマンの作った歌曲であって、私が、担任した六年生と、はじめてこの歌に取り組んだ昭和四十九年には、鑑賞用の教材として教科書に載っていた。楽譜が八ページ、六十四小節ある。今でも大曲だと思うが、当時の私には桁外れの大曲に思えた。しかもピアノの全く弾けない人間が、歌うのではなく、指導するのである。当然のことながら、この曲を子どもたちに歌わせるについてはずいぶん迷った。そういう歌はウイーン少年合唱団が歌うもので、この辺の人間の扱うものではない、当時はそんな雰囲気だったからだ。

まず、教材として扱うということになれば、子どもたちに向いているかどうかが問題だ。それは「流浪の民」で子どもたちの力を伸ばせるだろうかということ。そして、身の程知らずで不遜ではないか。プロが歌うような名曲にして、大曲を、私のような素人が指導してよいのだろうか。やらないほうが無難に決まっている。

次に、子どもたちが歌えるようになるだろうか。それは私が指導しきれるかということでもある。この年六年生を担任してから、忙しい合間に考える日が続いた。この子どもたちは今までに、私が指導したのではないが、ベートーベンの第九からとった「喜びの歌」、あるいはウエーバーの「魔弾の射手」からの「狩人の合唱」、また日本の歌では、滝廉太郎の「荒城の月」を二部あるいは三部合唱で歌っている。下地も力もあるのではないか。それに子どもたちに合っているかどうかは結局ぶつけてみるしかない。

また問題は教え方で、教材はやりようで良くも悪くもなる。それで楽譜をよく見てみる。記号や音符についてはほとんどが六年生までに習っている。習ってないのもあるが、それはわずかだ。私が説明すれば十分理解できる。楽譜はもともと演奏の手段である。合唱部分の音。最も高いのがハ調で言うと高いソで、出てくるのはソロのパートで問題は全くない。低い音については、合唱にかなりある。むずかしそうだ。やるとしたら方法を工夫し、子どもたちのやる気に期待するしかない。

不遜ではないかについては以下のように考えた。私は三度目の六年担任である。内容はかなり怪しいものの一応経験十分のはずだ。「流浪の民」については、不遜という言葉を意識して取り組む。つまり、身の程を十分に弁え、シューマンや「流浪の民」という曲に敬意と恐れをいつも持ち続ける。これなら許されるだろう。

しかし、それにしても子どもたちに「流浪の民」を出すべきかどうか、私には大きな飛躍であり、未知の海への船出でもあり、迷いは続いた。私の迷いは、別に何も言わなかったが、子どもたちにもだんだん知れていったようだった。よく楽譜を見ては考え込んでいたから。その最中の五月、ある事実が私に決断をさせた。

五月のある日、音楽の授業で鑑賞のために「流浪の民」のレコードをかけた。ところが何人かの子どもがそれを聞いて、「流浪の民」の歌を歌い出した。それは瞬く間に全クラスに拡がっていった。もちろん、私が呆気に取られる間に、子どもたちはレコードについていけなくなった。レコードを止めて、私は子どもたちを見回した。「歌ってみたい」子どもたちの行動や表情を私はそう解釈した。「よし、やろう」私は決断した。

挑戦するとなるとやらなければならないことがたくさんある。まず伴奏はじめ、音を取るのに必要なピアノ。これは前からクラスにすごく上手な女の子がいるのを知っていたから、その子に頼んだ。彼女はＯＫしてくれた。

次に、自分が歌えないと話にならないので、曲の全パートをはじめからおわりまで歌えるようにした。これにはピアノを頼んだ安藤さんと、校内の音楽のできる先生にいろいろ協力してもらった。それはこの「流浪の民」の全過程で同じであった。私が一本指で音を確かめながらやったことももちろんある。

そして今度は楽譜。今のように印刷機やコピー機があれば何でもないが、当時は性能の良くないフアックスがあるだけだった。同僚にも手書きの人がかなりいた。時間と手間を考え、東京までコピーしてもらいに行った。子どもたち全員の分をコピーすると数万円かかったように思う。私の当時の月給の約一月分だった。

さらにマジックで大きな楽譜をこれは手書きで書いた。掲示して指導するためである。今ある方眼模造紙というのがなく、高価な大方眼紙に書いた。今ある拡大コピーがあれば苦労はなかったが、何しろ二十数年前である。ただ書いたのは歌の部分の楽譜と歌詞で伴奏は書かなかった。五線を書き、そこにおたまじゃくしを一つずつ記入していく。夜、学校の職員室で私がそうしていると、同僚の一人が見て、「フエー、おっそろっしい」と言った。大方眼紙は十枚前後あったはずだが今、正確な枚数は思い出せない。

楽譜はそれを元にして表現をする、指導者にとっても、子どもたちにとっても、共通の拠りどころである。楽譜どおりに歌えないのでは、音楽でなくデタラメになってしまう。言葉のない文学がないように、楽譜のない音楽はあり得ない。また音楽教育の目的の一つが楽譜を使えるようになることである。当時も今も、私はそう考え、楽譜を重視してきた。これは当たり前と言えば当たり前である。

3、出発――レコードを聞かせ、パートを決める

はじめに、子どもたちに「流浪の民」のレコードを聞かせた。以前、鑑賞の授業で少し聞かせたが前に書いたような事情で中断していた。学校にあった鑑賞用のほか、

私が自分で買ったのも聞かせた。それは曲のアウトライン、あるいは感じをつかませるためである。今取り組むとすれば、楽譜を持たせ、それを見ながら聞かせたろう。当時もそのようにして聞いた賢い子がいたに違いないが、細かいことは忘れてしまった。聞かせながら「レコードと同じに歌わなくてもいい。自分の歌い方で歌ってください」と言った。それは、レコードに圧倒されたり、あるいは真似をすることで、子どもの持つ独自の表現ができなくなったら困ると思ったからである。

歌詞は文語や漢語が混じり、むずかしいので区切りごとに説明した。音楽専科の先生にも相談にのってもらいソプラノ、メゾ、アルトの三部に子どもたちを分け、いよいよ音取りのはじまりである。

4、シンコペーション――出だしの部分♪

まず、出だしの部分が困った。普通の歌は第一拍からはじまるのにこの歌は小節のおわりの♪からはじまっている。しかもほとんど全曲がそうなっている。伴奏もそうだ。歌うのに出にくい。また歌いにくい。でもあとから考えると、伴奏の出だしは「これがこの曲の大事なリズムですよ」と最初に教え、頭に入れようとしているように思える。このように、楽譜は歌い手が歌いやすいように工夫されてできているようだ。

それで出だしのところは指揮を四拍子で振り、残り八分の一のところでスタートするようにした。伴奏も歌もそのようにした。それにしても歌の最初、「ぶなの森の……」ところは〝ぶ〟が弱く短い♪〝な〟が強く長い♩ということになる。これは日本語の発音と違っている。しかし楽譜がそうである以上、それに慣れさせる他はなく、また全曲がそうなのだから、なおさせるしかなかった。後で出だしの♪のところは原語では冠詞になっていると聞いて、そうだったのかと思わされた。

音取りは区切りごとにソプラノ、メゾ、アルトと歌わせ、それぞれができたら重ねて歌う。ソプラノが覚えているときは、メゾ、アルトは見学であるが、リズムが同じであることが多いので、きちんと見学させた。子どもたちが私語をしたり、騒いだりしたので注意したこともちろんある。ところどころで切り、ある部分だけ、ソプラノ、メゾ、アルト（またはその逆に）と重ねていき、響きと和音を確認した。

5、むずかしい低音——テンポを落として

「宴（うたげ）ほがいにぎわしや」の部分。アルトが音が低くむずかしい。ところ

が楽譜をよく見ると、伴奏がそこはアルトの音を弾くようになっている。だからアルトはそこについては強い味方がいるわけである。ここでも楽譜が歌い手のことを考えてできている感を強くした。他にもそういう部分があるので、ピアノの近くにアルトの子どもたちをおいた。普通とは逆ということだが、歌いやすいほうがいい。

少し間をとばして、アルトが主旋律の「燃ゆる赤きほのお」以下の部分。まずアルト。低いし速いしでこのままでは歯が立たない感じ。それでテンポを落として、映画のスローモーションの感じで、はじめ練習をした。もちろん音とリズムは正確に。「声は小さくてもいいから正確に歌ってください」と指示して歌ってもらった。低い音(だけではないが)は無理に大きく歌おうとすると音程が狂ってしまう。低くてむずかしい部分は声量より言葉、歌詞をはっきりと、さらに音程を正確に歌う。これが多分ここで身につけた私の基本方針の一つである。

音が取れたらだんだんテンポを速くして、本来のものに戻す。アルトができると同様に指導したメゾ、ソプラノはそれより楽にできた。同じようなリズムで掛け合いになっているのだから、それは当然なのかもしれない。前のパートの歌詞とリズムを受けて、または渡して歌うようになっている。お互い響き合い、協力し合いというそのものである。歌は合理的にできていると感じた。この部分も伴奏がアルトの音を弾くようになっている。それでその部分を強く弾いてもらい、ここでは一番大変なアルトを助けさせた。ここができるようになったとき、一つ難関を突破したと思った。

6、力の配分とコントロール

「おみな（女）たちて忙しく、酒をくみてさしめぐる」のところ。難関を突破して意気上がる子どもたちは、比較的歌いやすいこの部分を勢い込んで歌った。気分は私も同じだが、子どもたちははじめからがんばりすぎである。それでここは七、八、九、十という感じで強くしていくようにと指示してみた。ソプラノの高さで言うと正確には七、九、八、十だが、ここで力の配分を意識させ、子どもたちの気分を歌に生かそうとした。ここも一応目的を達成したと考えている。

続いて、「歌い騒ぐそがなかに、南の国恋うるあり」の部分。内容は憂愁を含んでいるところだが、思い切り歌いたくなるところ。ここもあまり思い切りやられては困る。「息をたくさん出して、声は大事に少しにして」と言って小さくはしないで絞り込ませるようにさせた。

7、各パートの仕組み

各パートは（ソプラノ、メゾ、アルト）一つだけでは不完全で三つ合わさって完全になるのは当然である。しかしソプラノはもちろん、メゾはメゾでアルトはアルトで完成品のようにはいかないが独自のまとまりと構成があり、一貫した曲になっている。私にはそう思えた。だとすると、言葉では表現不可能なこの独自性をつかめば歌いやすいということになる。これを感じたのははじめの「これぞ流浪の人の群れ」の部分である。しかし全曲がそのようになっているように思えた。

8、ハモらず、うまくいかない——人数の増減

ソロが続く部分の真ん中あたり、「すでに歌い疲れてや」のところ。ここはハモらず、なかなかうまくいかなかった。低音を受け持つメゾがつぶれてしまうのである。それで以下のようにした。

ソプラノの一人とメゾ一人で歌ってもらう。メゾがつぶれる。そしたらメゾを一人ふやして一対二で歌う。またメゾが駄目だったらさらにメゾを増やす。ソプラノが聞

こえなくなったら今度はソプラノを増やす。バランスよく正確に歌えたら、双方を一人ずつ増やす。こうして各パート全員で歌えるまで練習する。しばらくして私の基準で合格ということになった。

9、出遅れ——指揮法を変えて

8のあとの「眠りをさそう夜の風」のところ。ここはどういうわけか出遅れてしまう。はじめからあるいつものシンコペーションだからできるはずなのだができない。それで♪を一拍にして指揮をした。もちろんここだけである。このやり方で指揮すると、前の「疲れてやのや」が三拍あるので三拍目のとき息を吸い四拍目で「眠り……」と出る。これでどうにかこうにか出遅れずに出られるようになった。

10、ソロ

ソロの部分。ソロは重要な箇所ではあるが、他の部分よりそれほどむずかしいわけではない。それにソロを歌う子どもたちは立候補か推薦かで決めたはずであるが、やる気まんまんでしかも上手な子である。

11、「慣れし故郷放たれて」と「鼻垂れて」と

この部分はソロと合唱で輪唱のようになっている。ところが校内音楽会で発表したとき、一部の低学年の子どもたちが笑った。ここのソロはクラス一、二の歌い手である渡田さんだし続く合唱も皆、一生懸命歌った。べつに失敗もしてない。私はどうしてと思った。あとで聞いて笑ってしまった。それは「はなたれて」と歌ったので「鼻汁を垂らして」の意味にとって笑ったのだという。ちょっと寂しいことではあるが、小さい子のことだから仕方がないと思った。考えてみるとそのあとも同じことはあったように思う。

12、最後「いずこ行くか流浪の民」と完成まで

ここは最後にふさわしく、流浪の民がだんだん遠くに去っていくという感じである。それでp、ppになっている。ただ小さくでなく実質のある終わりにしようと考えた。それで私の感じたことを言い、そのように歌ってもらった。

こうして音取りは終わった。七月になってすぐだった。はじめ一年かかってもいい、

できたら音楽会（十一月）までに終わらせたいなどと思っていた。が意外に早く、一応歌えるようになった。今でも最後のフレーズが一応完了したとき「終わった」と子どもたちと顔を見合わせたことを思い出す。お互いにびっくりしたような信じられないような顔をしていた。

しかし今から考えると幸いだった。というのはピアノを弾いてくれた安藤さんが八月に転校してしまったから。ピアノだけでなく賢くて、何でも良くできた彼女がいなくなるのは我がクラスの大損害だった。彼女のいるうちに一応完成して本当に良かった。

四、いくつかの問題など

1、子どもたちは「流浪の民」を好きだったか　また、子どもたちのやる気の問題

夢中で取り組んできたが、子どもたちは「流浪の民」がまたその授業が好きなのだろうか。これこそ実は死活の問題なのである。しかしこの問いは実はこの場合は不必要な愚問なのであった。

なぜか。子どもたちは嫌いだったら歌わない。嫌なことはしないのが、子どもの特徴である。どの教科でもそうだが、歌などの場合、特にそうだ。嫌だったら教師がいくら強制しても歌わない。無理をして歌わせても哀れなものになる。しまいには声も出なくなる。教師もいくら鈍感で冷たくても続けられなくなってしまう。つまり、「流浪の民」がとにかく終わりまでいき、発表できるようになったということは、すでに答えは出ているのである。少なくても彼らは嫌いではなかったのだ。

練習の区切りが一つ付いたとき、「流浪の民、好きですか」と子どもたちに尋ねた。「大好き」という声がいくつか聞こえた。「ではそういう人、手を挙げて」と言うと、クラスの四十三人中四十一人の手が挙がった。私は思わず笑顔になったことだろう。残りの二人が誰だったか思い出せないが、多分、私と波長の合わなかった何人かの内の二人であろう。ここで子どもの〝やる気〟について私の考えを述べよう。

教育あるいは指導というものは、子どもが嫌がっているとき、またはやる気がないときは前述したように実行不能なのである。逆に子どもたちにやる気、つまり向かって行く意欲があるとき、指導はどんどん能率が上がるし、教えないことまでできるようになってしまう。したがって何かに取り組むとき、子どもたちが教師とともに立ち向かってくれるかどうか、問題はこの一点にかかっている。

一般に子どもは挑戦するのが好きである。教師がやる気になり、適当な題材を見つけ、条件を整え、環境を設定してやれば、どんどん向かっていく。それは授業も行事も同じで、いわば教育の基本であると思う。反対に相手にやる気がないとき、教師がいくら技術や方法を教えても、成果は上がらない。やるのは子どもである。教師は他の場合と同じく、助け、見守るだけである。

2、声の出ない子ども

ここで声の出ない子どもにはどう対処したか述べよう。声が出ないと言っても、文字通り声の出ない子どもというのはいない。声も出しているし歌ってもいる。ただ意欲的でないか、自信がないか、または声の出し方が悪いかで、声が小さく貧相なのである。

大きく良い声はまず、当人に出そうという意欲がなくては出ない。また、よく言われるように、息が使えなくては声は出ない。さらに口を大きく開き、発音を正しくしないといけない。けれども、こういうことは当人にやる気があれば、遅かれ早かれ自分で見つけていく。

私は声の出ない子に次のようなことをした。

発声練習でだんだん音を上げていく。声が出せなくなるまで上げていき、その過程でその子が最も出せる高さと、「アエイオウ」のうち、最も明瞭な音を見つける。そして「君は、この高さのこの音が一番いい」と教える。それから、歌の一番合っている部分を見つけ、そこを歌ってもらう。今までにない声と歌いぶりができれば成功だが、たいていそのようになった。一カ所できると他の部分も良くなる。これで一件落着となる。

もう一つ効果があったのは、小人数のグループで歌わせるやり方である。任意の三人のグループを作らせる。その仲良し三人組であるフレーズを練習させ、その後検定をする。検定は音が正確であること、三人の声がある程度以上であることを要求する。これは『教授学研究』という本の根田幸悦さんの実践記録にヒントを得てはじめたのだったが、よく子どもたちを意欲的にした。それまで貧相だった彼らの歌声がよく響くようになった。

口を大きく開けさせるためにいろいろなことを言ったが、その一つに「ミカンを口に丸ごと入れるとどんな口になる？　そういう口をして言葉をはっきり歌ってください」というのがある。子どもたちは口を開けることに努めた。

3、「どならないように」

指導する先生はよくこう言う。「どなるのは良くない」と。一応これは正しい。しかし、この言葉はある場合、子どもたちのやる気をなくし、特に声を小さくしてしまう。というのは、子どもたちが意欲的に歌う。すると彼らの声は必然的に大きくなる。このとき「どならないように」、と言われると一生懸命歌うことを否定されたと同じことになってしまうからである。

「どならないように」と指示する以上、どなるというのはどういうことか、意欲的に一生懸命歌うのとどう違うのか、子どもたちに分かるように明確に説明しなければいけない。意欲的であるがゆえにどなっている子もいるはずである。しかし管見なのか、私は「どならないように」と言う先生がそういう説明をしているのを見たことも聞いたこともない。その結果、子どもたちは蚊の鳴くような声でしらけた歌を発表する。そういう例が非常に多かった。さらにそうしたケースで、当の先生がよく「もっとちゃんと歌ってください」と子どもたちを叱咤していた。これはブレーキとアクセルを同時に踏んでいるようなもの。私はそう思っていつも見ていた。

一生懸命に歌っている子どもたちの中には、どなっているというのがピッタリの子も確かにいる。しかしそうでない子のほうが多い。どなっている子には大きな声や意欲を認め、より良い発声に導くべきである。私の経験では大きな声を出している子は意欲があるだけでなく、発声法もよく、美しい声のことの方がはるかに多かった。どなるのは美しくないし、疲れる歌い方である。何回も繰り返すが、意欲さえあれば、子どもは自分で合理的な方法を見つけていく。もちろん教師が知っていて教えれば良いに決まっている。

4、創造の課程が成長の過程

「流浪の民」に取り組んでしばらくして、『音楽的成長のための教育』（ジェームス・マーセル著、音楽之友社、一一五ページ）で次のような文を読み、感銘し、また励まされたので引用させていただく。

……もちろん、時には不安な思いにかられたこともあったが、何度も何度も分析と総合の課程を試みた結果、ついに電話の発明となったのである。これがすなわち、創造の過程であり、また同時に、ベルの人間としての成長の過程でもあった。

これと同じようなことが、ベートーベンの第九交響曲の作曲過程にもみられる。彼はかねてから、器楽と声楽を結びつけた大作を書きたいと念願していた。実際、第九に着手するまでの、作曲家として彼がみずからに課した長い年月の厳しい訓練は、すべてそのための準備であったといえよう。そして、彼は二度もそのような作品を書こうと試みたが、けっきょく、準備が不十分であることを思い知ったのである。そこで、さらに案を練り、多くの苦しい努力を経て、ついに、あの偉大な音楽が完成されたのだった。このように、第九交響曲は、厳しい創造的努力の成果であったが、それを書き終えた時、ベートーベン自身もまた、飛躍的に大きな創造力を持った人間に成長したのであった。

6 不合理
——太平洋戦争を考える（六年・社会）

一、はじめに

一時期、平和教育というのが新聞などによく問題とされていた。また戦争をどう教えるかなどということが話題になった時期もあった。それらは結局、表題の太平洋戦争をどう教えるかということになるか、少なくともそれと深く関係する。私は中学、高校の社会科の免許を持ち、社会を追求しようとし、社会で創造的な良い授業をしたいと思ってきた。社会でも歴史の分野に興味があり、わけても現代、そして現在の日本の出発点とも言える太平洋戦争には一際、深い思い入れがあった。できればここで創造的な授業をしたいといつも思ってきた。もちろん六年を担任するたびに（私は合計八回六年を担任した。担任をしたのは二十八年なので三分の一近くが六年である）この授業をしてきた。以下はその最後の方の授業案である。できれば授業の記録を書きたかったのだが、記録もテープもない。それは実施した授業が自分として不満だったからである。多くは授業の内容が多すぎ、予定の半分程度で終わってしまっていた。それでいつか、やり直して、もっと良い授業をしそれを記録しよう、そう考えてきたのだった。だが結局、それやこれやで納得する授業は実現しなかった。現在、断片的に授業の記憶はある。しかしそれでは授業の記録というわけにはいかない。それで手元にある案を載せてみた。そして記録の代わりにそういう案を立てるまでの過程で分かったことや思ったこと、考えたことなどを書こうと思う。この授業については、二十年程前浦和で行われた、戸田授業を研究する会の研究会で発表した。

二、研究授業と教材研究

1、教材研究まで

私は社会（だけではないが、特に社会）の研究授業をするとき、最低でも三ヵ月は時間がほしかった。はじめの二ヵ月は、いわゆる教材研究に使う。授業をするには教材についての自分の考え、いわゆる教材解釈が必要である。そのために調べたり、考えたりする。しかし、こと太平洋戦争に関してはいつも念頭を去らずという状態だったから、一年中、教材研究をしていたようなものである。

ここで太平洋戦争とは直接関係ないが、教材研究と授業の関連について似ている表現を引用してみる。『歴史とは何か』（E・カー著、岩波新書）の中の「歴史と事実」という章の文章である。

……極く普通の考えでは、歴史家はその仕事を二つの明確に区別され得る段階あるいは時期に分けているようであります。すなわち、先ず、歴史家は史料を読み、ノートブック一杯に事実を書きとめるのに長い準備期間を費し、次に、これが済みましたら、史料を傍へ押しやり、ノートブックを取り上げて、自分の著書を一気に書き上げるというのです。しかし、こういう光景は私には納得が行きませんし、また、ありそうもないことのように思われます。私自身について申しますと、自分が主要史料と考えるものを少し読み始めた途端、猛烈に腕がムズムズして来て、自分で書き始めてしまうのです。これは書き始めには限りません。どこかでそうなるのです。……。

（『歴史とは何か』三十七ページ、E・カー著、岩波新書）

ここで言われていることは、この著者のこの本や他の本の博引傍証ぶりと一致しない感じもするが、授業をするときの教材研究と授業者のありようと似ている。ある程度、教材研究が進むと〝腕がムズムズ〟してくる。またそれが教材研究の一つの目的である。

ついでに教材研究の意味に通じると思ったもう一つの文章を引用したい。こちらは『知的生産の技術』（梅棹忠夫著、岩波新書）の中の「整理と事務」という章の文章である。

このような整理や事務の技法についてかんがえることを、能率の問題だとおもっている人がいる。……（しかし）これはむしろ、精神衛生の問題なのだ。つまり、人間を人間らしい状態につねにおいておくために、何が必要かということである。かんたんにいうと、人間から、いかにしていらつきをへらすか、というような問題なのだ。整理や事務のシステムをととのえるのは「時間」がほしいからではなく、生活の「秩序とじずけさ」がほしいからである。……。

(『知的生産の技術』九十五ページ、梅棹忠夫著、岩波新書)

教材研究にもここで述べられたいるのと同じ目的があるのではないかと思う。

本題にもどろう。私はもともと戦争というものに疑問をもっていた。小学校時代、大人たちがよく戦争のことやそのころのこと、さらには軍隊のことやシベリアでの経験だののことを話していた。小学校の先生も良くそんな話をした。何人か以外は皆、誰かが戦死した戦闘のこと、フィリピンで食べるものがなく、虫から雑草から何でも食べて生きのびた話、シベリアで零下何十度で暖房なしで過ごしたこと、軍隊でさんざ殴られたこと、住んでいるところが爆撃され火に追われ、やっと助かった顛末などなど。はじめは好奇心のような興味だけだった。そしてどうにしたら日本はアメリカに勝てたのかなどと、子ども心に考えたり調べたりもした。しかし大きくなるにつれ、そもそもなぜ戦争などということをするのかと思うようになった。

その一つは命の大事さから。人に限らず、生物には命より大切なものは存在しない。

国民一人ひとりが死ぬかも知れないことを認め、戦場に赴くことを了承しなければ、戦争は実行できないのである。どうして一人ひとりがこれを認めたのか。これらは今でも解けない謎である。

それはそれとして、まず当時も教科書、指導書をはじめ、いろいろな本を読んでみた。もちろん太平洋戦争関係の本が主である。はじめて知ることがたくさんあった。これが教材研究の良いところである。それにしても太平洋戦争は明治以降の日本の歴史の流れの中にあった。もともと歴史というのは連続していて、勝手に切ることはできないものである。そのうえ、いろいろなことが関係している。改めて対象が大きすぎ、手に負えないとも思った。

調べている過程で私の中にだんだん大きくなった疑問は、勝てる見込みがほとんどあるいは全くないのになぜ戦争を続けたのかということである。原爆投下や東京大空襲などを含む、空爆をうけ、日本が大きな死者と損害を出したのは、降伏の年、昭和二十年である。したがって、もし死者や損害の統計があれば、それが実証できる。ところがそうした統計は私が調べた範囲では存在しない。また終戦間際に大量の統計資料を燃やしたという新聞の記事もあった。

2、群馬県吾妻郡嬬恋村村誌

そんなことを考えていたとき群馬の弟の家で『嬬恋村村誌』という冊子を見つけた。それには戦没者の名簿があった。それだけでなく戦死した場所と時期が載っていた。これを集計すればいつ何名が亡くなったか分かる。これで一つの大きな手がかりを得たと思った。これを中心に太平洋戦争の授業をしてみよう。それで名簿を集計し、さらに掲示用に大きな棒グラフにまとめた。

この資料の良いところはもう一つあった。それは戦争で死ぬのが身近な肉親であることを明示していること。戦争の授業をしても子どもたちは、戦争を自分と関わりのあるものとなかなか思わない。太平洋戦争は自分とは関係のないよそごとになってしまう。教材を自分に引き付けて考えないというのは、考えてみると駄目な授業の特徴でもある。とにかく国家が戦争をするとき、すべての国民はこれから逃れることはできないのである。この村誌には遺族という欄があって、戦死したのが家族の誰なのかがすぐに分かる。嫌でも戦争を身近に感じるはずである。

3、ペリリュウー島

今回の授業案でもう一つ知ったことがあった。それは戦死した場所にパラオ諸島ペリリュウー島というのが多いことだ。前からペリリュウー島は日本軍が玉砕（ぎょくさい—玉が美しく砕けるように名誉や忠義を重んじて、いさぎよく死ぬこと—広辞苑—太平洋戦争で大勢が決したあと日本軍が降伏しないで突撃したり自決したりして全滅したときに使われたように思う—篠原）した島として知ってはいた。それでペリリュウー島での戦いを調べた（船坂弘『血風ペリリュウー島』他）。その結果、そこで村誌の村の地元群馬県高崎に置かれていた歩兵第十五連隊が戦い、そして玉砕したことが分かった。

さらに〝玉砕〟したどこの島でも同じであるが、日本軍とアメリカ軍の戦力の圧倒的な差。例えば戦車の数——日本軍は古くて装甲の弱いのが十七、アメリカ軍は新型の強いのが二百。アメリカの二百というのはそれしかないというのではない。それで十分と考えたからで必要ならいくらでもあったのだと考えられる。島のまわりの空軍や海軍になるともっとひどく、飛行機や軍艦については日本軍は0、アメリカ軍は戦車と同じでいくらでもあるということ。日本軍の闘志や戦いぶりはすさまじいが、いくら闘志があっても銃弾や砲弾を受けて生きていることはできない。それで太平洋戦争の典型的な場面としてペリリュウー島の戦いを取り上げて授業をし戦争について考えようとも思った。

この授業は、分量が多すぎ、ペリリュウー島にちょっと入ったところで時間切れになってしまった。この授業では「戦争と戦闘は違う」という評もいただいた。同じく戦争の不合理を扱ってはいるが、大きな問題が二つであり過ぎだった。それで次回には前半の村誌の部分を中心にして授業を行った。次章の案がそれである。きちんとした授業の記録がないのは前述の通りである。

三、授業案

小学六年社会　太平洋戦争

目標：太平洋戦争を例に戦争の不合理性を考える

構成	資料・事例	課題・発問	子どもの活動・予想される反応	留意点・支援
準備導入一	太平洋戦争関係の年表　資料一	太平洋戦争・第二次世界大戦について、教科書に出ていることを中心に整理する	昭和十六年十二月八日～昭和二十年八月十五日 昭和二十年三月十日東京大空襲 昭和二十年八月六日広島に原爆投下	事実を整理する 追求の必要上、いくらか詳しくする
二	戦死した人の写真　資料二	感想を聞く	むごい。かわいそう。分からない 戦争は死と結び付くものであることを確認する	どんな感想も聞いておく
三	「死んだ人は」の詩　資料三	朗読・説明し感想を聞く	当たり前。分からない。その通り	まじめに深く考えなければならない

追求一	村誌　戦没された人々一ページ　資料四	これは何でどういうことが分かるか 戦死するのは家族のだれか 外に感想や気づいたこと	戦争で死んだ人の名簿、死んだ人々の名・住所・死んだ所・家族など 父・兄（夫・子ども） 同じ所で戦死している	子どもから出なければ教師が説明する これはとくに確認しておく 発展させられる部分だが深入りしない
二	〃時期別戦死者数グラフ 資料五	戦死者数の変化を調べる	昭和十九年が多い あとになるに従って多くなっている	すぐに分かるが戦死の重みを分かってほしい
三	年表の中の昭和十九年の戦況　資料一	戦況と戦死した時期を比較してみる	多くの人は昭和十九年よりあとに戦死している	

		なぜこんなことに	いくところまでいかないとやめられない？ 分からない	戦争の不合理さの一面をわからせる
				本時の主な目標

四、資料の説明

1、太平洋戦争・第二次世界大戦の年表　資料一

太平洋戦争

一九三一年（昭和六年）満州事変
一九三二年（昭和七年）〝満州国〟成立
一九三七年（昭和十二年）日中戦争
一九三九年（昭和十四年）第二次世界大戦
一九四〇年（昭和十五年）日独伊三国協定

一九四一年（昭和十六年十二月八日）太平洋戦争
一九四二年（昭和十七年六月）ミッドウエイ海戦、日本の海軍の優位なくなる
一九四四年（昭和十九年六月）マリアナ沖海戦日本、海軍の飛行機の大部分を失う
※①これ以後は……戦争継続はまったく意味のない惰性にすぎなかった
（『岩波講座日本歴史二十一』一七七ページ）
②このころ日本の高級軍人、戦勝の見込みがなくなったことを参謀総長に進言
（『太平洋戦争陸戦概史』岩波書店）

これらについては戦後のアメリカ軍の調査にもっとズバリこのとき以後日本軍に勝利の見込みなしと断定しているものがあったように思うが今回見つからなかった。
③日本の一部政治家降伏覚悟の内閣の準備を主張
（『日本の歴史』中央公論社）
一九四五年（昭和二十年三月）東京大空襲死者十万人（『東京大空襲』岩波新書）
この頃から日本の主な都市同様に爆撃される

一九四五年（昭和二十年八月六日・九日）広島・長崎に原爆投下され、それぞれ死者十四万人・七万人（各市の資料より）

一九四五年（昭和二十年八月十五日）敗戦

2、戦死した兵士の写真　資料二　略

戦争は国民にとって戦死の可能性を認めることである。戦死だけでなく多くの苦難を覚悟し認めることでもある。戦争の性格からも、扱う資料からもこの写真は必要だと考えた。ただ、どういうものにするかはむずかしい。あまりに無残あるいは悲惨では子どもに出せない。もちろん無残でない戦争や悲惨でない戦死はない。事実は写真とは比べものにならないくらい悲惨であり無残である。もちろん写真の資料なしに言葉や文章から想像させる方法もある。それは基本的に国語の授業でのやり方である。それで写真を選んで使った。

3、「死んだ人は」の詩　資料三

戦死した人は写真の人も名簿の人々も当たり前だが、生きていたときは一人の人格だった。教材として扱うとしてもそのつもりで対面し十分に考えて授業に生かさなければならない。そしてまた戦争について想像力を働かせて追求しないといけない。そこでこの詩をここで入れた。

資料三

死んだ人々は還《かえ》ってこない以上
生き残った人々は何が判ればいい？
死んだ人々にはなげく術もない以上
生き残った人々は誰のこと
何をなげいたらいい？（略）

（『詩の中にめざめる日本』真壁 仁編、岩波新書より）

資料四

このページは資料の最初のページ、次のページが授業で使ったもの

戦没された人々

遺族は死亡当時の者とし、他より転入した遺族についても、記載した。

等級	氏名	死亡年月日場所	本（死亡当時）籍	遺族続柄氏名
陸騎 上等兵	中村 邑平	大正八年十月二十九日、満州において戦傷し船舶輸送中、戦傷死	大字田代 四二	甥 中村敬治
陸歩 上等兵	黒岩 牛三郎	大正九年四月五日、沿海州ハバロスクにて戦死	大字田代 一四	母 黒岩宇め
陸歩 一等兵	富沢 幸平	明治十年三月十七日、肥後田原坂にて戦死	六合村 日影一〇五八	姪孫 富沢林八
陸歩 一等兵	松本 跡次	大正九年八月十七日、高崎衛戍病院において戦病死	大字田代 丙四四六	甥 松本友義
陸輜 上等兵	宮崎 仁太郎	昭和十三年五月三十日、河南省陳留県東圧附近において戦死	大字田代 丙 四八	妻 宮崎くによし
陸衛 上等兵	松本 忠美	昭和十四年四月二十七日、満州国間島省延吉陸軍病院にて戦病死	大字田代 三二ノ一	母 松本きよじ
陸歩 上等兵	森田 利亮	昭和十四年四月二十七日、北支山東省金郷県歩兵第十五聯隊医務室にて戦傷死	大字田代 七九〇	父 森田嗣次
陸砲 伍長	宮崎 桃太郎	昭和十五年三月三十日、静岡陸軍病院において戦病死	大字田代 一〇三五	兄 宮崎重平
陸歩 軍曹	高橋 徳二郎	昭和十六年八月十日、浙江省平湖県亭子橋附近にて戦死	大字田代 乙一三九	母 高橋とみ
陸歩 伍長	橋詰 正	昭和十八年三月三日、ニューギニア、ダンピール海峡に於て戦死	大字田代 一一一	妻 橋詰タメ子
陸輜 兵長	戸部 本太郎	昭和十七年七月四日、満州国龍江省チチハル陸軍病院に於て戦病死	大字田代 七十五	妻 戸部きか
陸歩 伍長	戸部 光義	昭和十八年三月三日ニューブリテン島ダンビール海峡において戦死	大字田代 六四〇	兄 佐藤清一
陸輜 伍長	橋詰 平栄	昭和十九年三月二十七日、ニューブリテン島方面にて戦死	大字田代一〇九	父 橋詰幸五郎
陸輜 伍長	黒岩 喜一郎	昭和十九年四月一日、ビルマサウンサップ県タウンダットに於て戦死	大字田代 五六六ノ三	妻 黒岩すま
陸歩 兵長	黒岩 正武	昭和十九年四月二十六日、ビルマ方面に於て戦病死	大字田代 八一ノ一	父 黒岩米吉
陸輜 軍曹	松本 君義	昭和十九年五月三十一日、アドミラルティ島において戦死	大字田代 三九ノ二	長女 松本朝子
海水 兵長	宮崎 週太郎	昭和十九年六月十三日、マリアナ諸島において戦死	大字田代 四六二ノ三	祖母 高橋とみ
陸工 兵長	松本 常次	昭和十九年八月三日、東部ニューギニア坂東川に於て戦死	大字田代 一一二	兄 松本丑次
陸砲 兵長	橋詰 長次	昭和十九年九月二十八日、ビルマモウライクサドウィンに於て戦病死	大字田代 一〇九	母 橋詰ゆわの

陸航 兵長	飯塚 利雄	昭和二十年四月十五日、比島ルソン島タルラックに於て戦死	多野郡美土里村	父	飯塚治介
陸歩 伍長	宮崎 富五郎	昭和二十年四月十八日、フィリッピンルソンブゴーに於て戦死	大字大前七四	父	宮崎富次
陸輜 兵長	宮崎 正三郎	昭和二十年六月十一日、沖縄本島喜屋武に於て戦死	大字大前 三四四	妻	宮崎美津江
陸砲 軍曹	滝沢 不二夫	昭和二十年六月十八日、沖縄本島摩文仁東方に於て戦死	大字大前 四四	父	滝沢大治
陸野 伍長	宮崎 祐太郎	昭和二十年七月一日、フィリッピン、レイテ島に於て戦死	大字大前 三六八	妻	宮崎タケジ
陸野 兵長	宮崎 孝	昭和二十年七月一日、フィリッピンレイテカンギポット山に於て戦死	大字大前 三六八	母	宮崎ぜん
陸輜 伍長	野寺 代二	昭和二十年八月十日比島ミンダナオ島カリヤワに於て戦死	大字大前 三五七	父	野寺包次
陸歩 軍曹	黒岩 房五郎	昭和二十年八月二十一日、朝鮮海峡に於て戦死	大字大前 七六七ノ一	妻	黒岩ソウ
陸輜 伍長	宮崎 要吉	昭和二十年九月四日、スマトラパレンバン州ルマタン上郡スラウイに於て戦死	大字大前 三〇五	父	宮崎和之助
陸輜 兵長	滝沢 鉄哉	昭和二十年九月四日、北部ルソン、ギャンガンに於て戦病死	大字大前 五七ノ二	妻	滝沢サハ
陸歩 軍曹	黒岩 繁雄	昭和二十年十一月二十日、ニューギニアムシュに於て戦病死	大字大前 二八三	母	黒岩ひこ
陸歩 兵長	篠原 文治郎	昭和十七年二月十二日、中華民国浙江省海譽県克化鎮に於て戦死	大字大前 三五四	父	篠原森三郎
海軍 上水	土屋 信次	昭和十九年十月二十三日、比島方面に於て戦死	大字大前 七七	兄	土屋周一
陸歩 兵長	宮崎 金吉	昭和十九年一月十六日、南支那海に於て戦死	大字大前 三一五	父	宮崎竹松
陸 軍曹	樋口 康一	昭和十九年十二月三十一日、パラオ、ベリリウ島に於て戦死	大字大前 四四	母	樋口やゑ
陸 上等兵	鈴木 三郎	昭和十九年九月十三日、戦病死	東京都世田谷区大原町	長女	鈴木久子
陸輜 上等兵	黒岩 武	昭和十五年二月二日、広西省浜陽県山口坪附近に於て戦死	大字西窪 七	父	黒岩初市
陸輜 一等兵	黒岩 伝	昭和十七年八月二日、中華民国勗鴻北省第三九師団第二野戦病院に於て戦病死	大字西窪 一四七	父	黒岩米吉
陸歩 兵長	黒岩 三郎	昭和十八年三月三日、ニューブリテン島ニューギニアダンピール海峡にて戦死	大字西窪 一一八	父	黒岩唯三郎
陸工 伍長	岩田 辰次郎	昭和十九年十月三十日、ビルマ国チンドウイに於て戦死	大字西窪 一四五	妻	岩田サト
陸歩 伍長	乾 正治	昭和十九年十二月三十一日、パラオ諸島ペリリウに於て戦死	大字西窪 一二	父	乾 寅松
陸歩 兵長	小林 朝	昭和十九年十二月三十一日、パラオ諸島ペリリウに於て戦死	大字西窪 一四二	弟	小林 勇
陸歩 伍長	渡辺 保夫	昭和十九年十二月三十一日、パラオ諸島ペリリウ島に於て戦死	大字西窪 二九	父	渡辺隆之助
陸輜 兵長	藤井 孝平	昭和二十年五月二十七日、沖縄本島喜屋武に於て戦死	群馬郡久留間村	妻	藤井奈かじ
陸歩 伍長	竹渕 長淳	昭和十九年十二月三十一日、パラオ諸島ペリリウ島に於て戦死	大字西窪 一三四	母	竹渕よ志

資料五

戦死者名簿の集計　群馬県吾妻郡嬬恋村村誌より（集計：篠原）

時期	人数	時期	人数
太平洋戦争以前 明治～昭和の太平洋戦争開戦前	三十九	昭和十九年七～九月	三十四
太平洋戦争 昭和十六年	〇	十～十二月	五十二
昭和十七年	十一	昭和二十年一～三月	二十二
昭和十八年	三十四	四～六月	三十九
昭和十九年一～三月	二十三	七月～八月十五日	二十六
四～六月	十七	太平洋戦争敗戦以後	二十二

これを元に棒グラフを作成した。

あとがき

教員になりたての頃、家庭訪問である家を訪れた。仮に子どもの名を「すすむ」としておこう。すすむは一人っ子だったが、家では父親が、ついで母親が蒸発し、祖父が面倒をみていた。祖父は孫のことをぽつぽつと語ってくれた。この立派とは言えない家と祖父にとってすすむは全てとも言える存在だ。誰かが言ったわけではないが私は全身でそう感じ、身の引き締まる思いがしたのだった。すすむほどでないにしてもどの家庭でも子どもの比重は大きい。担任である私はいい加減な仕事はできない。これが家庭訪問で繰り返し感じたことだった。以来、私はいつもこのことを念頭において仕事をしてきた。

本書ははじめにあるように私の教員生活のうち学級担任として行った仕事の一部、私にとってはかなり大事な一部の記録である。学級担任以外に教頭もやり、定年退職してから一年間担任外の教諭として勤務し、現在も非常勤講師をしている。教頭として行った仕事は、教頭というのは独自の領域のあまりない職であるが、一莖書房から出ている教育雑誌「事実と創造」に載せていただいた「教頭の記」という連載でおおよそ文章にした。

今までに「開く」という斎藤喜博先生の個人雑誌と、「事実と創造」に何回か文章を載せていただいた。しかし本書には以前活字になったそれらの文章は載せなかった。というのは私が著者に惹かれて何か本を買ったとき、それ以前に雑誌等で読んだ文章が載っているとがっかりしたからである。今度はどんな世界を見せてくれるかと期待していたのに、前と同じでは私にとっては期待外れということになる。それにそれらには実践記録と言えるものがあまりなかった。本書の文章が実践記録と言えるかどうか、あまり自信はないが、私としては精一杯のところである。

こういう本が書きたいというのは、もう十年も前から思ったり、言ったりしてきた。今回、実行できたのは一莖書房の斎藤草子さんのおかげである。言うばかりで少しも実行に移さない私を見て、「期限を決めましょう」と言ってくださり、さすがの私も期限に遅れては大変と原稿を集め、書いたというわけである。斎藤さんに感謝したい。

〈著者紹介〉
篠原孝一（しのはら・こういち）
1941年　群馬県草津温泉に生まれる
1961年　東京都立九段高校定時制卒
1966年　群馬大学学芸学部卒
　　　　以後、埼玉県戸田市の小学校に勤務
2002年　戸田市立戸田南小学校を最後に定年退職

現住所
〒330-0044　埼玉県さいたま市浦和区瀬ヶ崎4-28-17

わたしの教室記

2006年３月１日　初版第一刷発行

著　者　篠　原　孝　一
発行者　斎　藤　草　子
発行所　一　莖　書　房
〒173-0001　東京都板橋区本町 37-1
電話 03-3962-1354
FAX 03-3962-4310

印刷／平河工業社　製本／新里製本
ISBN4-87074-140-7　C3037